佐伯啓思

自由と民主主義をもうやめる

幻冬舎新書
098

自由と民主主義をもうやめる／目次

第一章　保守に託された最後の希望　11
簡単だった対立の構図　12
現状維持の「左翼」、変革を唱える「保守」　13
冷戦の前後で図式が逆転　15
「親米保守」と「反米保守」　18
アメリカに従うことは本当に日本の国益か　20
「親米保守」は「保守」ではない　22
「目に見えない価値」のレベル　25
進歩主義の果てにあるニヒリズム　27
文明の崩壊を食い止める可能性　29

第二章　自由は普遍の価値ではない　31
ある古い旅館の光景　32
全共闘の平和主義と暴力主義　33
破綻は論理的必然だった　36

三島が見ていた日本の欺瞞 38
日本の社会科学はなぜ「サヨク」的なのか 40
学級民主主義が嫌いだった私 43
近代を警戒するヨーロッパ 46
西欧革新思想の根本にある、伝統への信頼 49
九〇年代の日本で起きたこと 52
社会の土台を変革しようとする誤り 53
伝統・慣習はなぜ重要なのか 56
普遍的人権など存在しない 59
弱く頼りなき人間の知恵 61
イギリス的保守の対極に位置するアメリカ 63
「保守派」レーガンの急進主義 65
世界のアメリカ化を目指したネオコン 67
日本にアメリカ型保守は合わない 69
日本で「保守」を唱える難しさ 71
ねじれ国会も格差問題も同根 74
すべては「戦後」の見直しから 75

第三章　成熟の果てのニヒリズム　77

ニーチェとの出会い　78
道徳・正義の裏に潜む権力欲　79
すべての価値を破壊する能動的ニヒリズム　81
文明崩壊の予兆としての第一次大戦　82
何も信じるものがない消極的ニヒリズム　85
文明の高度化が生きがいを喪失させる　88
ファシズムとの戦いとしての第二次大戦　90
自由・民主主義の絶対性への回帰　92
再び隠蔽されたニヒリズム　93
野蛮なテロリスト対文明社会の戦い　95
若者はなぜすべてをなげうったのか　96
西洋近代的価値への激しい攻撃　98
ついにニヒリズムに直面するアメリカ　100
ヨーロッパ社会のしたたかな知恵　101
生命至上主義も自爆テロもニヒリズムの表れ　104
なぜアメリカでキリスト教が復興しているのか　106

二十世紀初頭によく似た時代状況 107
京都学派「世界史の哲学」の時代的意義 110
力による支配から道と義による支配へ 111
日本文化の核心にある「無」 113
ぎりぎりの思想的試み 116
日本的価値観を掲げる以外に道はない 117

第四章　漂流する日本的価値 121
世界金融危機の根本原因は過剰資本 122
アメリカの北部型経済と南部型経済 124
グローバリズムはアメリカ国内事情の産物 126
「協議」などではなかった日米構造協議 128
市場化が抑制されてきた、資本・労働・資源 131
世界中が投機経済に呑み込まれた 132
ドバイの現世主義とニヒリズム 134
日本の強みだった「組織の力」 136
組織の商品化がもたらした破壊的影響 138

すでに緩やかな戦争が始まっている 139
帝国主義の時代に問われる国力 142
日本が発信すべき文化・価値の力とは 145
「アメリカ的なもの」への精神的従属 147
「清く明き心」という宗教観 150
日本に資本主義を生んだ勤労観 152
無私に働くことでよき秩序を保つ 154
日本の精神を表す言葉は翻訳できない 156
「武士道」が記憶から消えることはない 158

第五章　日本を愛して生きるということ 161

一　なぜ今「愛国心」なのか 162
日本特有の「独自性」にどう踏み込むか 162
「国に対する責任」がなさすぎる 165
自国に誇りを感じない日本人 168

二　「愛国心」をめぐる諸概念 170
「国」という場合の二つの意味 170

ナショナリズムとステイティズム 171
「郷土愛」の延長にある「愛国心」 172
三 「戦後」をめぐる二つの見方 175
左翼思想のカリスマ、丸山眞男 175
戦争の原因は天皇主権にあった 177
天皇国家だから戦争を起こしたのではない 179
戦後社会は「悔恨の共同体」 181
吉田満『戦艦大和ノ最期』 182
自分たちだけが生き残ってしまった負い目 184
戦没学生は戦後日本に何を思うのか 185
戦後を彼らに「負って」いるわれわれ 186
「悔恨の共同体」か「負い目の共同体」か 188
四 「あの戦争」をめぐる歴史観 189
世界の民主主義を守るという口実 189
曖昧な「無条件降伏」の意味 192
最初から意図されていた「体制転換」 194
日本の主権は剝奪された 195

日本国憲法の二重構造 197
アメリカ的歴史観に支配された東京裁判 198
B級戦犯・岡田中将の言い分 200
サン・フランシスコ条約に記されていないこと 202
戦争の意味づけを自ら放棄 204
五　近代化という悲哀 205
福澤諭吉『文明論之概略』のテーマ 205
西洋化はあくまで日本の独立を保つため 206
「脱亜入欧」論の真意 208
戦争は近代日本の宿命だった 210
夏目漱石が抱いていた危機感 211
萩原朔太郎を襲った喪失感 213
日本的精神の核には「滅びの美学」がある 214
「悲哀」を突き詰めると「無」に至る 217
「無」はすべての意味を支えている 220
受け継がれる「海ゆかば」の思い 222
あとがき 225

第一章
保守に託された最後の希望

簡単だった対立の構図

あるとき、授業が終わってから学生が質問にきました。

「僕は、思想に関心を持っているのですが、そもそも、左翼や保守とはどういうものなのですか。その違いがよくわからないのですが」

確かに、今の若い人にとっては、この対立がどこにあるのかは、ピンとこないのかもしれません。戦後日本の政治や思想は、おおよそ、この二つの陣営に二分されていました。保守と革新、あるいは右翼と左翼、保守派と進歩派と、言い方はあれこれありますが、基本的には、同じことです。

戦後長い間、この二つの陣営を隔てるものは、社会主義か、自由な資本主義か、という対立でした。左翼や革新陣営は、程度の差はあれ、マルクス主義へのシンパシーを持ち、社会主義に同調的、これに対して保守派は、社会主義を嫌悪し、自由主義・資本主義の側につく、というものです。

この対立はわかりやすいものです。もっとも、この二つの陣営の対立は、別に日本だけではなく、世界規模のものであり、戦後の冷戦を反映したものでした。戦後世界は、ソ連を中心とする社会主義陣営と、アメリカを中心とする自由主義・資本主義陣営に分かれ、対立してきました。一九六二年のキューバ危機のときなど、本当に核戦争の一歩手前までいったのです。社会主義と自由な資本主義の対立は、アメリカとソ連の覇権争いであると同時に、イデオロギー対立でもありました。資本主義を否定して社会主義へいきつくことが歴史の必然だというマルクス主義と、ハイエクなどの、自由主義・資本主義を擁護するアンチ・マルクス主義者の間の思想的な対立です。

だから、かつては、左翼＝社会主義への同調者、保守＝自由主義・資本主義の擁護者、という簡単な構図が成り立っていたのです。もっと簡略化したければ、左翼＝ソ連あるいは中国シンパ、保守＝アメリカ・シンパ、と考えておけばよかった。

現状維持の「左翼」、変革を唱える「保守」

しかし、これはあくまで冷戦時代の話です。一九八九年から九〇年にかけて、ベルリンの壁が崩壊し、東欧諸国が社会主義を放棄し、ソ連も解体して、ロシアやウクライナなどのいくつかの国家に分裂しました。中国も、共産党が支配した社会主義国ですが、鄧小平の開放路線以来、経済上は、ほとんど資本主義と変わらなくなっています。社会主義は事実上、解体したのです。

では、こうなると、左翼と保守を分かつものは、いったい何なのでしょうか。

確かに、どうもよくわからなくなるのです。心中で革命を夢見、社会主義への希望を持って、労働運動や市民運動などを組織していた「革新」などというものは、もうなくなってしまいました。「左翼」も穏やかな「サヨク」に変わってしまいました。しかし、それでも、まだ、「左翼」（ここでは、かつての「左翼」に敬意を表して漢字で書いておきます）と「保守」の対立ということが言われます。何がこの両者を分けているのでしょう。

今日の両者の争点は、しいて言えば、憲法問題、あるいはナショナリズムや歴史問題と言ってよいでしょう。ある意味、奇妙なことなのですが、冷戦後、九〇年代のグローバリズムの時代になって、ナショナリズムや歴史認識が人々の大きな関心事になってきたのです。

憲法改正を含めて、日本の国の防衛をどうするのか。国際社会で日本がバカにされずに責任を果たすにはどうすればよいのか。九〇年代の後半あたりから、こうしたテーマが浮上します。また、中国、韓国の動きとも連動した形で、あらためて、「あの戦争」についての解釈問題が出てきます。アジアへの謝罪をどうするか、という問題が提示され、それとともに、「あの戦争」についての歴史観論争、さらには、歴史教育の問題、と続いていきます。

むろん、「左翼」は憲法改正に反対、歴史教科書の見直しにも反対です。これに対して、「保守」は、憲法を改正して集団的自衛権を認めよ、と言う。歴史認識の見直しを要求して、「新しい歴史教科書」を作ったりします。

なんとも、妙な構図ができてしまったものです。もともとは「革新」や「進歩」を唱えていた「左翼」が、徹底して新しい動きに抵抗し、憲法にせよ、教育にせよ、基本的に現状維持を訴える。むしろ、「保守」の側が変革を唱える、というねじれた図式です。

冷戦の前後で図式が逆転

この図式が意味することは何なのでしょうか。

憲法にせよ、教育基本法や戦後教育システムにせよ、戦後日本の体制の基軸です。戦後日本の国の柱は、公式的に言えば、国民主権、基本的人権、平和主義を三本柱とする憲法、そして、自由と平等、個性尊重を基軸に掲げる戦後教育です。

「左翼」は、この戦後体制を守ろう、もしくは、その理念をもっと実現しようと言っている。戦後の認識について言えば、左翼は徹底して「体制派」です。いわば「戦後体制」の優等生が「左翼」ということになります。

これに対して、むしろ、「保守」のほうが「反体制的」と言えます。少なくとも心情的には、戦後社会に強い違和感を持ち、憲法や戦後教育に対して批判的です。

左翼＝反体制派、保守＝体制べったり、と多くの人が思っています。だが、これはかつての話、冷戦体制時代のことです。冷戦体制のもとでは、確かに、左翼は、あわよくば革命でも起こして社会主義を実現したい、と考えていた。これは確かに反体制的でしょう。これに対して、保守のほうは、自由主義的な資本主義陣営を守りたい、と考えている。その意味では、体制派でした。

しかし、冷戦は終わりました。すなわち、もうこのような図式は成り立たない、ということです。実際、「左翼」が「サヨク」に変わったとき、進歩主義運動は、もはや、体制を変革して、社会主義のような新たな社会をつくり出すのではなく、自由や民主主義、人権、平和主義などを謳《うた》った戦後日本を全面的に肯定し、ともかくも、戦後日本というその枠組みを守っていくという体制的なものへと変わってしまったのです。

それに比べ、冷戦以降、いわゆる「保守」の側からこそ、戦後日本を変えていこうという様々な問題が提示されてきました。近年、もっとも真正面から「保守」を唱えた安倍元首相の掲げたテーマからして、「戦後レジームからの脱却」だったのです。

これは、「戦後体制」の根本的変革、ということです。これほどまでに正面から、「現体制」の変革を唱えた政治家はいません。しかも政権政党の党首で、一国の首相が、「現体制」の変革を訴えるという、驚くべき提案です。

しかし、「左翼」はこれに反対した。ある左翼のコメンテーターが、テレビで「いったい、体制を変える、などということをしてもいいのでしょうか」などというコメントをしていました。左翼と言えば「反体制」の代名詞だった時代を思うと、冗談のような話です。

それでは、冷戦以降、日本の思想の図柄は、わかりやすく整理できるのでしょうか。どうも、そうではありません。確かに、左翼＝戦後体制の擁護、保守＝戦後体制の批判、というような構図がいちおう描けます。憲法問題、ナショナリズムや歴史認識などについて、両者は対立してきました。しかし、それでわかりやすく「左翼」と「保守」を定義できるかというと、そうでもないのです。

左翼の側からは、リベラリズムやポストモダニズムやフェミニズムなど、政治学や社会学の研究者によるたくさんの書物が出版され、さまざまな議論がなされています。しかし、現実の日本とのかかわり、ということで言えば、ほとんどインパクトのある問題は提示できていません。

それもそのはずで、今も述べたように、左翼は、基本的に戦後の現体制を擁護すればよいからです。それを根本的に変革しようとするものに対して反対すればよい。憲法改正に反対、教育基本法改正に反対、「新しい歴史教科書」に反対、日米の集団的自衛権に反対、といった具合です。

では、保守派はどうか。冷戦以降、様々なレベルで「変革」を求めてきたのは保守派でした。それでは、保守派の議論はもっともだったのか、というと、必ずしもそうではありません。

考えてみれば、そもそも「保守」とは、本質的に変革を嫌うものであるはずです。だから、保守が「変革」を訴えるときには、かなり注意が必要なのです。その意味するところを注意深く見ておく必要があります。

「親米保守」と「反米保守」

では、九〇年代の世論をリードした「保守」が訴えた「変革」とは、どういうものだったのでしょうか。

まずグローバリズムに対応して、日本の旧来の経済構造を根本的に変えるという「構造改革」があります。これは明らかに大変革です。

次に、憲法改正問題があります。これも様々なレベルがありますが、最も基本になるのは、九条平和主義の「変革」です。自衛隊を国軍として認知し、集団的自衛を確保せよ、ということです。さらに、教育基本法の改正（これは安倍政権で一応、達成しました）、歴史教育の見直しなどの「変革」です。

さらに言えば、これは「変革」ではありませんが、二〇〇一年の九・一一テロ以来、日本は、アメリカの対テロ戦争、イラク戦争において、全面的にアメリカに協力するという徹底した親米政策をとりました。イラクへの自衛隊派遣は、これまでの「憲法の縛り」から一歩踏み出したものです。この点でも「保守」が大きな影響力を及ぼしました。

確かに、この十数年、社会を、あるいは日本を動かしてきたものは、ほとんど「保守」の側の論調です。「左翼」は、重要な問題において、影響力を行使できなかった。

その意味では、社会主義の崩壊以降、日本を動かしてきた思想は明らかに「保守」です。しかし、そうであればこそ「保守」の意味が問われるのです。その場合の「保守」とは、どのような意味だったのでしょう。

実は、九〇年代に、「左翼」に対して「保守」が勝利したのは間違いないところなのですが、その後に「保守派」のほうに大きな混乱が生じます。

端的に言えば、アメリカとの関係を強化し、アメリカの価値観につき従っていく、という「保守」と、むしろ、アメリカから距離を取るべきだ、とする「保守」です。しばしば「親米保守」と「反米保守」と言われたりしますが、この表現はあまり正確ではありません。

現実的政策として言えば、今の日本に、アメリカと正面から衝突するだけの力量はない。その意味では、アメリカと良好な関係を保つ必要はあります。これは「親米」というような情緒的なものではありませんが、ほかに適切な言い方もないので、一応、「戦略的親米」とでも言っておいてよいでしょう。

しかし、後で述べるように、戦後日本の決定的に重要な課題は、アメリカとの距離の取り方です。特に、戦後の日本の防衛体制を考えるなら、過度のアメリカ依存はやはり問題がある。その意味では、自立的な防衛に俟《ま》つという近代国家の基本的要請に立ち戻り、どうしても、アメリカと距離を置く必要があります。それもまた、情緒的な意味での「反米」ではないのですが、やはり適切な言い方がないので、「戦略的反米」と言っておきましょう。

アメリカに従うことは本当に日本の国益か

さて、九〇年代以降、日本の「保守」を席巻《せっけん》したのは、いわゆる「親米保守」でした。彼らは、アメリカ発の経済的グローバリズムを時代の趨勢《すうせい》として受け入れ、アメリカ発の構造改革路線を受け入れました。アメリカの要請に従って、日本社会の根本的な変革に着手したのです。

さらに、二〇〇一年の対テロ戦争、そして、二〇〇三年のアメリカによるイラク攻撃以降、「保守」の「親米」ぶりは、もっと徹底していきます。イラク戦争に際しては、国内ではかなりの反対が唱えられ、国際的にも、アメリカは孤立に近い状態だったのですが、日本の「保守」は、アメリカを支持した。

いわく「困っているときに、助けることこそが友人の役割だ」「ここでアメリカを助けておけば、北朝鮮問題で日本はアメリカに助けてもらえる」「アメリカという世界で唯一の超大国に逆らうのは得策ではない」、さらには「ともかくも英米につき従うのが日本の国益である」

といった言い方が氾濫していました。

しかし、本当にそうなのでしょうか。アメリカにつき従うことが、そのまま日本の国益なのでしょうか。

「国益」という言葉につきものの曖昧《あいまい》さを別としても、その中身は、見方によってずいぶんと変わってきます。また、長期的なものと短期的なものでも、かなり違ってきます。

また、アメリカも「国益」で動いているとすれば、アメリカが、北朝鮮問題で、「困っている友人」である日本を助けてくれる、などという保証はどこにもない。実際、二〇〇八年の時点で、アメリカは、北朝鮮に対して妥協を重ね、ほとんど「やる気」はありません。アメリカからすれば、「北朝鮮」と「イラク」や「イラン」では、その重要度がまったく違うのです。

イラク戦争から数年がたち、この戦争がほとんどアメリカの失策だったことが明らかになってきました。それにより「親米保守」は、ずいぶん信用を失墜しました。

また「構造改革」が始まって十年以上がたち、小泉改革からも数年がたちました。そして今日、派遣、フリーター問題、所得格差拡大、都市と地方の大きな格差、シャッター商店街、金融市場の不安定化、といった問題に日本は直面しています。これらは明らかに構造改革によってもたらされたもので、構造改革が、日本社会に大きなひずみを与えたことは否定できません。

そしてその構造改革の深刻な「負の遺産」を残して、小泉さんも政界から去ってしまいました。

ことここに至っても、アメリカにつき従うのが日本にとってよいことだと本当に言えるのでしょうか。そしてそれこそは、戦後日本の「保守派」が検討すべき最大の問題だったはずなのです。もっとはっきり言えば、もっぱら日米関係を重視するという戦後日本の「保守派」の立場は、本質的に大きな問題を孕《はら》んでいることに目を向けるべきなのです。

「親米保守」は「保守」ではない

そこで、あらためて「保守」ということを考えてみたいのです。

最初に述べた学生の質問は、いったい左翼と保守は何が違うのか、というものでした。それに対して、私は、おおよそ次のようなことを答えました。

「左翼」は、人間の理性の万能を信じている。人間の理性能力によって、この社会を合理的に、人々が自由になるように作り直してゆくことができる、しかも、歴史はその方向に進歩している、と考える。

一方「保守」とは、人間の理性能力には限界があると考える。人間は過度に合理的であろうとすると、むしろ予期できない誤りを犯すものである。したがって、過去の経験や非合理的なものの中にある知恵を大切にし、急激な社会変化を避けよう、と考える。

これが、本来的な意味での「左翼・進歩主義」と「保守主義」の対立です。社会主義か資本主義か、あるいは、親米か反米か、といったこととは関係がありません。

いや、関係はなくはないのですが、それは、社会主義が、理性万能と合理的な社会設計の思想を持ち、さらに歴史の進歩というものを堅く信じているからです。「保守」が社会主義に対して警戒的だったのは、まさにその理由によります。

ところが、そうであれば、実は、アメリカも多分にそのような傾向を持った国ではないでしょうか。アメリカは、合理主義精神によって、社会をうまくコントロールできると考えます。人間の無限の自由に大きな価値をおきます。また、徹底した技術主義の国でもあります。基本的にあらゆる問題を、科学と技術の発展によって解決可能だと考えています。

人間の病気も遺伝子レベルの操作で解決できると考えるし、食糧問題が生じればクローン技術を活かせばよい、と考える。戦争は、ハイテク技術を駆使して、巡航ミサイルのピンポイント攻撃でやればよい、とみなす。金融市場の不安定性に対しては、金融工学を駆使した新たな金融商品によって対応すればよい、と言う。

このような徹底した技術主義、それによる人間の自由の拡大、社会を合理的に変革できるという信念、それこそが「アメリカ文明」を特徴づけるものです。そして、これこそが進歩主義にほかなりません。実際、今日の世界で、アメリカほど「歴史の進歩」を信じている国はほかにありません。

このように見てくると、「親米保守」がいかに変なものかが、わかってくるのではないでしょうか。

先にも述べましたように、現状で、日米関係は必要不可欠なものです。アメリカとの関係を断絶せよ、などというのはただの暴論にすぎません。だから「戦略的親米」はやむをえない選択です。今の日本に他の方法はありません。

しかし、そのことと、感情的にも心情的にも思想的にも「親米」であることとはまったく違います。

また、後にも述べますが、イラク戦争に際して、いわゆる「保守派」の人たちは、「日米は価値観を共有しているから、真の同盟だ」と言いました。しかし、これは決定的に間違っています。彼らは、日本もアメリカも自由や民主主義を守るという価値観を共有している、と言いたかったのだと思いますが、それでは「保守」になりません。

なぜなら「保守」とは本来、無条件で普遍的な、しかも、フランス革命の指導的理念であった「自由、平等、人権の普遍性」という観念を疑うところから出発した思想だからです。

しかも「保守」とは、その国の歴史や文化から出発する思想です。歴史も文化もかなり異なる日米が、根本的なところで価値を共有する、などと簡単に言うわけにはいかないのです。

「目に見えない価値」のレベル

ここまでくると、かなり問題点がはっきりしてきたのではないでしょうか。

価値観と一言にいっても、二つのレベルがあります。いわば「目に見える価値観」と「目に見えない価値観」です。「公式的価値」と「非公式的価値」と言ってもよい。たとえばルールと言っても、「目に見えるルール」である「法」と、「目に見えないルール」である「道徳や慣習」という二つのレベルがあるのと同じことです。

アメリカは、「目に見える価値観」としては、自由、平等、人権、多元性、世俗主義（政教分離）などを標榜《ひょうぼう》しています。しかし実際に日常生活を律する「目に見えない価値観」のほうは、アメリカの優位（アメリカ例外主義）、ユダヤ・キリスト教、エリート主義、隠然とした人種意識、画一主義など、決してそれほど結構なものではありません。

日本の場合には、「目に見える価値観」としては、憲法で記された、自由、平等、人権、平和主義などがあります。他方、「目に見えない価値」としては、ある種の集団主義、和の精神、家族的価値の重視、謙譲の美徳、日本的な美意識やゆるやかな宗教意識といったものがあるでしょう。

結局、価値観とは、本当のところ、この目に見えないレベルまで論じなければ意味がありません。これは、人間関係でも同じでしょう。われわれが本当に他人を信頼するのは、表面に出てくるきれいごとではなく、本当のところ、彼がどんな人間で、どんな信念を持っているか、によるのです。さもなければ、真に困ったときに、彼が助けてくれるかどうかなど、とてもわかりません。

このように見てくると、日本とアメリカは、いくら表面的には、自由、民主主義、資本主義を共有していても、「目に見えない価値」までくると、相当に異なっている。とてもではないけれど、価値観を共有している、とは言えません。

一般的に言えば、自由、平等、民主主義、人権などの「目に見える価値」をそのまま信奉し、それを正義にしてしまうのが、左翼進歩主義です。一方、「目に見えない価値」の持つ歴史的で非合理的、慣習的なものを重視するのが保守です。

だから、どうしても、左翼進歩主義のほうが、普遍的な正義を唱える。これに対して、保守のほうは、具体的な局面で、その国の歴史や文化に関心を向けます。私自身の関心が向くのは後者です。

こうなると、アメリカと価値観を共有するという「親米保守」というのは、語義矛盾の感すらあります。自由、民主主義、人権、合理主義、技術主義などによって社会の進歩を生み出そうとするアメリカの価値は、むしろ、左翼（本当はサヨク）進歩主義にこそピッタリくるものです。

にもかかわらず、左翼進歩主義者が、一般に反米的なのは、アメリカの理念に対してではなく、それを実現しようとする軍事的強硬主義に対してでしょう。一方、親米保守が、アメリカにシンパシーを持つのは、その理念というより、アメリカの政治・軍事的な強硬さや強い国家意識に対してでしょう。

どちらも、都合のよいアメリカを取り出して、批判したり、同調したりしているにすぎません。本当の「保守」なら、そうではなく、アメリカの掲げる進歩主義的理念に対して、強い懐疑の念を向けるべきなのです。

進歩主義の果てにあるニヒリズム

では、どうして、「保守主義者」は、進歩主義的な理念に懐疑の念を向けるべきなのでしょうか。一つの理由は、すでに述べたように、保守主義者は、人間はそれほど合理的にはできていないし、社会を合理的に作り替えることなど不可能だ、と考えるからです。

だけれど、もう一つの理由があります。とても重要な理由です。

それは、進歩主義的な理念の実現は、文明を、やがて「ニヒリズム」に陥《おとしい》れてしまうのではないか、と疑われるからなのです。「ニヒリズム」とは、人々の共有された確かな価値の体系が見失われた状態です。確かな道徳や規範が見えなくなった状態と言ってもいい。

進歩主義は、個人の自由を重視し、個人の欲望を解放し、一人一人が幸福を追求することを重視します。そして、それらを実現し、すべてを解決するために、技術を徹底して利用しようとします。

それをつきつめれば、人間が、自分の行動を律する共通の規範や道徳を見失っていくのは当然です。内面の葛藤《かっとう》や、精神の苦闘などというものは影を潜め、それに代わって自由を実現できないときには、ひたすら社会に対して不平、不満を述べ立てることになるでしょう。

幸福の追求も同じです。内面の葛藤や精神の苦闘を見失った幸福の追求は、いずれ、その場しのぎの快楽主義に陥るでしょう。

社会の共通の規範が崩壊し、確かな価値が見失われる社会は、「ニヒリズム」と呼ぶのがふさわしい。そしてまさにそれが、今日、われわれの目前に展開されている社会なのです。「ニヒリズム」との戦い、それこそが、「保守主義」に与えられた課題です。これは、進歩主義では解決できません。

進歩主義は、価値・規範より、それを打ち壊す自由や欲望の解放をいっそう重視します。社会の共通の価値よりも、個人個人のバラバラな自由のほうを重視します。技術に体現された合理主義に限りなく期待します。しかし、それはニヒリズムを生み出しこそすれ、そこから人間をすくい上げることはできない。

文明の崩壊を食い止める可能性

今日の先進国、特に日本の問題は、自由の抑圧というより「自出の過剰」から、貧困というより「過度な物的幸福の追求」から、価値による束縛というより「価値の崩壊」から生じているのではないでしょうか。

ここに、「ニヒリズム」との戦いという、現代の「保守主義」の大きな意義が見出されるのです。そして、個人の自由や物的幸福の追求を極限まで推し進めようとする「アメリカ文明」こそが、ニヒリズムの先端を走っていると言うべきでしょう。

「親米保守」は、どうも、冷戦体制のイメージをまだ引きずっているように思われます。確かに冷戦体制下では、「保守」は、自由主義陣営に立って、アメリカとの関係強化を訴えていればよかった。しかし、それはあくまで、社会主義に強いシンパシーを持つ左翼に対し、「反左翼」のスタンスを確保する必要があったからです。

しかし、社会主義が崩壊し、左翼がよりどころを失った今日、別に「反左翼」を標榜する必要はない。

もともと、「保守」の課題は、文明の崩壊をどうやって食い止めるかにあったと、私は思います。

近代文明は、どうやら、価値規範の喪失、放縦なばかりの自由、窮屈なまでの人権主義や平等主義、飽くことなき物的富の追求、そして、刹那的《せつなてき》な快楽の追求へと向かっています。

それらを、文明崩壊の兆候とみなして、それを食い止めようとするのが、「保守主義」の本来の課題です。「反左翼」が保守の課題なのではない。左翼進歩主義が、現代文明の崩壊にあまりに無頓着で、さらに言えば、その崩壊に手を貸しているからこそ、それを批判するのです。社会主義や共産主義への批判も、それが文明を破綻《はたん》させてしまう、と思われるからなのです。

今こそ、「保守主義」は本来の課題に立ち返るべきときなのではないでしょうか。「保守」という精神には、ニヒリズムを克服とまではいきませんが、かろうじてそれを押しとどめる可能性があるように思います。それが、私が「保守」に深い関心を寄せる理由なのです。

第二章　自由は普遍の価値ではない

ある古い旅館の光景

二〇〇七年の暮れに、若松孝二監督による、『実録・連合赤軍 あさま山荘への道程《みち》』という映画が公開されました。三時間二十分という大作で、それなりに評判になりました。面白いという表現はあまり適切ではありませんが、ともかく相応のインパクトはあったようです。

連合赤軍事件が起きたのは一九七二年、ちょうど私が大学院に入った頃です。全共闘運動が一段落して、世の中が多少は静かになったところに、突然リンチ殺人事件と浅間山荘事件が起きた。これが最終局面となって学生の左翼運動は完全に終結したと評価される。連合赤軍事件とはそういう事件です。

連合赤軍事件といえば、私が以前に住んでいた大津市の家の近くに坂東旅館という旅館がありました。ここは連合赤軍の指導者の一人、坂東國男の生家でした。彼は大津市内の一番の進学校を経て、京都大学に入りました。その後、大学を中退し、連合赤軍の中心人物となり、浅間山荘事件などを起こします。七五年のクアラルンプール事件で国外脱出し、中東のどこかにいると言われています。

坂東國男が浅間山荘事件で逮捕される直前、彼の父親は、旅館で首吊り自殺を図ります。私はいつもその坂東旅館を見ながら、勤め先の大学に通っていました。

父親はもう死んで、おられないわけですが、旅館そのものにはまだ坂東旅館の看板がかかっていました。実際には営業はされていなかったようです。と言うのも、旅館はまったく廃屋のようなたたずまいで、ほとんど手入れもされず、昔のままただそこに建っているだけなのです。家の中がどのようになっているのかはわかりません。この風情からするともう営業意図はなく、ただそこにそのまま旅館をおいてあるだけ、ということだったようです。

周りにあった古い建物も建て替わり、オフィスビルなども建っていくのですが、旅館だけは昔のままの姿でそこにある。建物は今もまだ残っています。周りの景色とはまったく不調和で、朽ち果てた印象はますます強くなっていく。その景色は非常に独特で、私はいつも何かある感慨をもって見ていました。そこに連合赤軍事件の末路を見るような思いといってもよいのですが、もう少し複雑なものなのです。

全共闘の平和主義と暴力主義

全共闘運動に対して、私自身はアンビバレントな感じを抱いていました。どこか共感する部分と、非常に反発する部分の両方です。

当時の学生は、大体三つに分かれます。一つは全共闘派。もう一つは民青派すなわち日本共産党の下部組織に近いグループ。それから三番目が運動には関わらないノンポリ。全共闘とノンポリの中間ぐらいに、いわゆる市民運動家もいました。いずれにせよ、自分はこの三つのうちのどこに位置するかをある程度納得して決めていかざるをえない。そういう時代でした。

私自身はこの分類で言うとノンポリです。どこの組織にも運動体にも属していませんでした。ただ、全共闘にはいくらか惹かれるところがあったのです。

そして当時の全共闘運動を振り返ってみると、そこには実は二つの異なる方向が混在していました。

一つは民主主義や平和主義は大事なものでそれを実現すべきだとする考え方です。

六〇年代の終わりから七〇年代にかけて、政権を握っていた自民党の佐藤内閣は日米関係強化のために、日本をベトナム戦争に引きずり込もうとする。だから日本の平和主義が脅かされる。自民党は圧倒的な力を背景に、「保守反動的」で「帝国主義的」な政策を実行している、というわけです。

民主主義も平和主義ももはや風前のともし火となっている。そこで、本当の意味での民主主義や平和主義を実現しなければならない、ということで、彼らは、市民運動や街頭デモなど、比較的穏健な形で政治運動をやろうとしました。そこにもう一つ、大学改革という課題も加わってくるのですが、それも詰まるところは大学の民主化要求でした。

全共闘は、多少、ラジカリズムを標榜しますが、運動の基本は、たとえ一時的に過激化したとしても、本質的には戦後の民主主義と平和主義を実現しようというものです。これは全共闘運動の一つの流れでした。主流と言ってもいいでしょう。

ところが、もう一つ、それとは違う方向があった。社会を変革するためには暴力行使を厭《いと》わず、徹底した暴力革命の思想を運動に持ち込もうとするものです。権力的な「支配体制」と戦うためには徹底した武力闘争しかない、というものです。

正直に言うと、私が若干のシンパシーを持ったのは、全共闘のこちらの考え方に対してでした。

暴力革命を必要とする理屈は簡単です。

世の中は支配する側と支配される側に分かれる。世の中には支配され虐《しいた》げられ搾取《さくしゅ》される、弱者がいる。左翼主義とは、本来、こうした社会的弱者の救済や解放をめざすものです。しかし民主主義の下では、意思決定は議論や討論によって行われはするものの、最終的には多数決で決まります。すなわち多数派が勝つ。虐げられている側は基本的に少数派ですから、民主主義の下ではいつまでたっても弱者の主張を通すことができない。

だから民主主義は形式的には平等な権利を保障しているものの、実際には支配と被支配を合理化し、弱者を搾取する手助けをすることになる。

要するに、民主主義は本質的に欺瞞《ぎまん》である。そこで虐げられた人たちの主張を認めさせるには、民主主義そのものを攻撃する必要がある。それには平和主義を否定して武力を行使するほかない。暴力革命も辞さない。というよりも、左翼主義を徹底すれば、暴力革命を唱えるほかなくなるのです。

これはきわめて論理的な帰結です。そして私が若干のシンパシーを抱いたのは、全共闘のこのラジカルな暴力主義に対してでした。

破綻は論理的必然だった

ところがそうは言っても、暴力革命なんて簡単にやれるものではない。しかも当時の日本は高度経済成長の真最中、七〇年には大阪で万博が開かれています。世の中が戦後最高の繁栄を謳歌している中で暴力革命が起きるわけがない。いくら全共闘が暴力革命の必要性を訴えても、社会の支持を得られるはずはありません。

そこで結局、全共闘においては、暴力への志向が外に向かわず、内へ向けて暴力的エネルギーが増幅します。社会からはみ出し、彼らだけの閉じられた世界の中で暴力を振るい合い、やがてはお互いを殺し合うことになった。その最終的な帰結が連合赤軍事件だったのです。

私は彼らに若干のシンパシーを抱いてはいたものの、左翼主義はいずれ必ず行き詰まる、最終的には破綻するしかないだろう、とも感じていました。

穏健な民主主義・平和主義の市民運動はせいぜい「体制」に吸収されてゆくだろうし、他方でラジカルな本当の意味での全共闘運動は内部的な暴力抗争へと追い詰められてゆくだろう。私には当時からそのように思われました。

と同時に、今、あらためて無残な姿をさらしている坂東旅館を見ると、奇妙な感慨も浮かんでくるのです。

全共闘運動に加わった多くの者もいまや定年を迎えようとしています。彼らの多くは会社や大学などでそれなりのポストに就きました。そして結構優雅な生活をしながら、「昔はわれわれも社会を変えようとがんばったものだ」などと懐かしそうにしゃべっている。社会の重要なポストにあって、なおいまだに左翼主義を懐かしみ、「構造改革」や「政治改革」を支持しているのです。

この多数の「後期中年全共闘」に比べると、私には、「革命」なるものをともかくも本当にやろうとして袋小路へ突き進んでいった連合赤軍のほうに、むしろ強い関心がいってしまいます。それはシンパシーではないのですが、彼らの破滅のほうが「全共闘」というものをまだしもまともに表現しているように思われるからです。

廃屋と化してなおそのままそこにたたずんでいる坂東旅館を見ると、いまだにそのような、ある種の感慨に捉われずにはいられません。

三島が見ていた日本の欺瞞

当時、私がより大きな衝撃を受けたのは、むしろ三島由紀夫の切腹事件のほうでした。事件の一年前の六九年、三島は東大に来て、東大全共闘の学生と討論会をやりました。私は遅れて行ったのですが、立錐《りっすい》の余地もないほどの人でした。

私は三島由紀夫の自決に、どうしてそれほどの衝撃を受けたのか。

暴力を志向したという点では全共闘と同じですが、彼の場合は、それを他者に向けることなく、すべて一人で負った。もちろん楯《たて》の会のメンバーはいましたし、事件も森田必勝とともに起こしました。しかし思想的なことまで含めれば、自衛隊への乱入は本質的には彼一人の行動であり、彼一人の中で完結したものでした。その点が私に強烈な印象を残したのです。

評論家の江藤淳は一九七〇年に発表した論文「〈ごっこ〉の世界の終わったとき」で、全共闘も三島も「ごっこ」をやっているに過ぎない、と言いました。全共闘は「革命ごっこ」であり三島は「軍隊ごっこ」です。

確かにそうです。日本では「革命」も起きなければ「クーデター」も起きようがなかったからです。その理由を、江藤は、戦後の日本は政治的にも軍事的にもアメリカに従属しているからだ、と指摘します。

六〇年代から七〇年代へかけての日本の経済的繁栄も平和も、アメリカによってもたらされアメリカによって保障されている。だからアメリカという真の「権力」を見据えない「革命」も「クーデター」も、所詮は「ごっこ」にしかならない、というのです。

これは基本的に的を射た認識というほかありません。左翼市民派がいくら「ベトナムに平和を」と訴えて街頭デモをしても、アメリカの軍事行動をどうするか、日米関係をどうするか、という議論がなければどうにもなりません。行動派が「革命」を訴えても同じです、三島の「クーデター」にしても、もちろん、三島自身がよくわかっていたわけですが、日米関係をどうするのかを抜きにして可能なわけもありません。

問題は、もっぱら日米安保体制のもとで「平和憲法」を抱き、しかもその上でアメリカに従属している日本そのものにありました。全共闘よりもまだ三島の「ごっこ」のほうが、より状況を把握していた。三島は少なくとも、戦後日本の欺瞞の根源を、アメリカに自国の防衛をゆだねて独立国家のような顔をしている平和日本の欺瞞に見ていたからです。彼の自決はわれわれにその問題を強くつきつけるものでした。

それから一年数カ月して連合赤軍事件が起こります。当時の学生は部屋にテレビなど持っていませんから、私は、浅間山荘事件の中継は大学の食堂で見ていました。それほどの驚きはなく、来るべきものが来てしまったなあという思いでした。「昭和元禄」などと言われた戦後太平の世にあって、暴力的な反体制運動など不可能です。確かにこの事件は、全共闘左翼の必然的な末路だったのです。

「革命」が挫折した後は、せいぜい「改革」を唱えることだけが左翼主義のアリバイになっていきます。民主主義をより一層実現すること。平和を実現すること。女性や「在日」など少数派の権利を実現すること。これらが政治闘争の目標です。それはもはや「反体制」ではありません。戦後民主主義の一層の実現という意味で、本質的に「体制的」な運動であり、せいぜい「体制内の改革」です。こうして「左翼」は「サヨク」になっていったわけです。

日本の社会科学はなぜ「サヨク」的なのか

大学院で私が学んだのは、経済学を中心とする社会科学と、その背後にある西欧の社会思想や政治思想でした。

ところがこれが基本的に「サヨク」的なのです。

戦後日本の社会科学という学問は、まず根本的に、左翼なのでした。ここで左翼と言うのは、政治的にどうこうというのではなく、進歩主義的な思想を根底にしっかりと据えているという意味です。

進歩主義思想とは、人間の合理的な理性の力によって、世界をより合理的でより幸福なものにつくり上げうる、という思想です。

進歩主義に限らず、われわれが理性の力に頼るのは当然のことでしょう。進歩主義思想の特徴は、理性の力を伝統や歴史的なものと対比させ、歴史的で非合理的なものの持つ意義を認めようとしない、つまり、理性以外のものの持つ権威や意義を認めようとしない点にあります。理性の力による人間の自由や平等性の拡大や、産業技術を使った「物的生産」の拡大が人間を幸福にする。そのためには、非合理的で慣習的なものや、伝統によりかかった「前近代性」を排除し、それと戦う必要がある、と考えるのです。

進歩主義は近代社会の産物ですが、特に戦後の日本の社会科学は、九割までが進歩主義的な思想に覆われていました。

考えてみれば、そうなる理由もわからないではありません。

戦後日本は、公式的に言えば「あの戦争」の反省の上に成り立っています。そして、思想的に言えば「あの戦争」は、合理的精神、民主的な政治、個人の自由や基本的人権などが確立できなかった「遅れた日本」がもたらしたものだとされました。その結果、日本を「近代化」することこそが、戦後日本の思想や社会科学の仕事となったのです。

さらに戦後日本の社会科学は、主としてアメリカから輸入されました。私は経済学を中心にやっていましたが、経済学者として日本の大学でそれなりのポストを得ようとする人は、まずアメリカに留学することになります。

政治学もその傾向は強いのですが、最も顕著だったのは経済学でしょう。ハーバードやスタンフォード、MITやシカゴなどの大学で博士号を取って、日本に帰ってしかるべき大学のポストに、というのがエリート経済学者の典型的コースだったのです。

アメリカという国は、極めて合理主義的に物事を処理し、また極めて個人主義的に物事を考えます。むろん、アメリカにも多様な面があるのですが、少なくとも、社会科学の背景になっているのは、この種のアメリカ的価値観です。

だから、アメリカの社会科学の根底にあるのは、徹底した進歩主義的な思想であり、近代主義です。経済学においては市場競争を非常に重視する。政治学においては民主主義が万能と考える。社会学的には平等な個人の契約や女性、少数派の地位の保全を重視する。

したがって、経済学で言えば、アメリカへ留学することは、基本的に、「市場経済の万能性」「個人の選択の自由や能力主義」「民主主義の絶対性」などという考え方を学んでくることになるわけです。

そのような発想からすれば、日本社会には非合理的なことが多い。たとえば日本の企業経営は集団主義的で、会社に対する忠誠を重視する。長期的な雇用慣行は個人の自由を認めない。この種の企業経営は、確かにアメリカ的市場経済論からすれば、合理的根拠がない。だから日本は遅れている、という発想になります。

　また六〇年代後半から七〇年代にかけてのアメリカでは、ウーマンリブ、今で言うフェミニズム運動や、公民権運動といった、差別撤廃が叫ばれ、女性や黒人の権利保護が大きな問題となり、それが社会科学の中心的位置を占めるようになりました。これらの考え方も、七〇年代以降の日本の知識人の間で一挙に広まります。

　五〇年代、六〇年代は、日本人が海外に留学するのは決して容易ではなかったのですが、七〇年代に入って、比較的楽に行けるようになった。そのような事情もあって、アメリカの社会科学の考え方が日本にどっと流れ込んできました。

　日本の国内にもそれを歓迎する土壌がありました。先にも述べたように、戦後の日本では、「戦前の日本社会は封建的で遅れていたために、日本は戦争に突入した」、したがって「日本が二度と戦争をしないためには、社会を民主化・合理化して、個人の権利や自由を保障することが何より重要だ」という考え方が支配的でした。これにぴったり合うのが、まさにアメリカの社会科学の考え方だったのです。

学級民主主義が嫌いだった私

　それで、私はと言いますと、子ども時代から、民主主義的なものに馴染めないところがありました。「みんなの投票で学級委員を決めましょう」「みんなで議論して多数決で決めましょう」といった学級民主主義が何か嫌《いや》でしょうがない。昔から自分のようなことを言う者は、いつも少数派になってしまうという意識が強かったからかもしれません。

そのことで特に苦労したわけではないし、民主主義が悪いと言う気も全然ありません。民主主義は、政治システムの基本条件として必要だと思っています。だけれど、「民主主義は正しい」「民主主義万歳」的な考え方は昔から肌に合わないのです。

なぜなら、民主主義では、きれいごとを言うほうがどうしても勝ってしまうからです。いかにももっともらしいことを言う者が、やはり有利になる。

しかし本当に大事なこととは、人前で大声では言えないものです。「じゃあ、多数決をとって賛成が多かったらやりましょう」などという場面で、大事なことはなかなか言えません。ある方向に議論が傾き、多数が「そうだ、そうだ」と言っているときに、それは何かおかしいなと思っても、容易に言えるものではありません。

開けっぴろげな場で、大切な、個人の感情のひだに密着した話はできない。微妙なことや、一見、非合理的でとんでもないように聞こえることは言えません。きわどい話もできません。そういうことが言えるのは、友だちや、既に自分のことをよくわかってくれている人たちのような内輪の集まりです。まずは発言者に対する相互信頼がなければなかなか重要なことは言えないものです。

結局、民主主義的な討論の場では、ひとたびある方向に流れができると、誰もなかなか反対できない、いかにももっともらしい言葉だけが通用し、流通することになります。たいていの場合、表層的に立派なことや、情緒的なことが、まかり通っていきます。一見反対しづらい形だけの正論がまかり通る、あるいは、声の大きいものの意見が通っていきます。

これが、私が民主主義を信頼できない大きな理由です。その意味では私は、民主的な政治の「公的」な場面で発せられる言辞よりも、「私」の微妙な感情や事情のほうが気になるのです。

今の国会やテレビの政治討論を見ていると、まったくその通りではないでしょうか。たとえば政治と金の問題。すべての政治的支出について領収書の発行を義務づけろと言われると、確かに反論はしにくいでしょう。一円にいたるまで全部収支明細を明らかにさせるなど行きすぎだなどとは、なかなか正面切って言えません。しかし多くの人は心の中では、そこはもうちょっと曖昧にしておいてもいいじゃないかと思っているはずです。

談合にしても同じです。談合はよくないと言われれば、誰も反論できない。しかし談合でもしないと、経済がうまく回っていかない地域は確かに存在します。談合がすべて悪いのであれば、「談合」ではない別の呼称を使ってもいい。要するに、事前調整というものは、ケースバイケースである程度は必要なのですが、公共の討論の場では、それがなかなか言えない。

「行政改革がどうしても必要だ」「市場競争が必要だ」「個人が自分の能力を自由に発揮できる

ようにすべきだ」というような話が、すべて正論としてまかり通ってしまう事態は、ある意味で怖いものですし、それに反論できないことはもっと怖い。また実際に正論通りに事を進めてしまうと、やっかいな問題が出てきます。

少し話が脱線しましたが、世の中には「非合理的なものの効用」ということがあります。「あいまいなものの効用」もあるのです。大声では言えないが、大事だと思うことがある。私には、非合理的なものを改めれば世の中が豊かになるという、近代主義的・進歩主義的な考え方ですべてがうまくいくとは、とても思えませんでした。

近代を警戒するヨーロッパ

そんなことを考えながら、経済学やら政治学やら、西欧思想などを研究していたのですが、一九八九年から九〇年にかけて、イギリスに滞在する機会がありました。

たぶん誰もが思うことでしょうが、実際に行ってみると、まずヨーロッパの懐の深さに驚かされます。

私のように思想史に関心を持っている者からすれば、ヨーロッパは原点でありモデルです。近代思想はもともとヨーロッパで生み出されたものです。日本にはアメリカ経由で入ってきましたが、生みの親はヨーロッパの啓蒙主義です。

たとえばイギリスでは、ロックやアダム・スミス、フランスではルソーやモンテスキュー、ドイツではカント、ヘーゲル。近代の代表的な政治思想や経済思想はすべてヨーロッパ発で、中でもイギリスは極めて重要な役割を果たした。

そうだとすると、イギリスは大変な近代国家になっているはずなのですが、一歩イギリスに踏み込んでみると、まったくそうではない。これはフランスでも同じです。表面的に見れば、日本のほうが、はるかに超近代社会といいますか、近代化が進行している。ここにヨーロッパ社会の奥深さを思わずにはいられません。

イギリスに入ってすぐ感じるのは、イギリスが、いかに近代なるものを警戒しているかということです。「近代」や「進歩」なるものを、無視こそしないものの、軽信する姿勢を、可能なかぎり避けようとする。逆に、古いものや伝統的なものをいかに守るか、それぞれの時代に合わせてどううまく活かすか、そのことに非常に腐心している。

それは自然を見ただけでもすぐにわかります。たとえばロンドンは大都市ですが、ロンドンから出て十分も列車に乗れば、牛がその辺に寝転がり羊が草を食べている、草原地帯になってしまいます。そこから先、田舎の景色が延々と続きます。

私はケンブリッジに滞在しましたが、ケンブリッジからロンドンまで列車で一時間。列車で一時間というと、日本なら完全に通勤圏です。首都圏なら五分おきぐらいに電車が出ていますすが、ケンブリッジからロンドンに行く列車は、一時間に二本程度しかありません。ケンブリッジの住人に、どのぐらいの頻度でロンドンに行くかと尋ねたら、まあ年に数回程度かな、といった答えが返ってくる。

人も物も情報もすべて東京に集め、東京を発展のモデルにする。東京と郊外を結ぶ物流、人の流れ、情報の流れを、できるだけ密に、スムーズにしていく。そうやって「東京」を拡大していく。日本中を「東京化」する。日本人はそれが近代的な進歩だと考えてきました。

しかし最初に産業革命を経験し、最初に経済学を作り出し、市場競争万歳と言い出したイギリスは、まったく違っているわけです。昔の自然を可能な限りそのまま残そうとし、田園生活を大事にしている。

これはイギリスだけではなく、ヨーロッパ全体について言えることです。フランスも、パリから列車で二十分も走れば、田園地帯が延々と続きます。

ドイツは、どちらかというと地方に大きな都市があり、それらを鉄道で結んでいますが、都市と都市の間はほとんど田舎、それから森林地帯です。都市そのものも、日本のような近代化志向がなく、中世や近世以来の城壁都市をそのまま現代へスライドしたようなものです。

よく知られていますが、ドレスデンは第二次大戦で連合国の大空襲にあい、ほとんど壊滅状態になりました。そして、戦後ドレスデンの市民は、残った地図や写真を頼りに、戦前の昔のドレスデンをそのまま再現しようとしたのです。この試みが、ドイツの国土のあちこちでいまだに続いていていると言えます。

西欧革新思想の根本にある、伝統への信頼

ヨーロッパが近代に対していかに警戒感を持っているかは、こうして都市を見、自然の風景を見ただけでも一目瞭然でしょう。

一方では民主主義や人権を非常に重視しますが、他方ではそれを警戒する。もちろんヨーロッパでもかなり大衆化が進行し、平等化も標準化も進行していますが、それでもエリートをいかに育てるかは、今でも社会全体のきわめて重要な関心事です。

ヨーロッパ社会では、政治とはエリートの仕事です。普通の多くの人は、金を稼いで生活するのに精一杯で、ものを考える暇がない。だから、そういう大衆をリードするエリートを育てる必要があると考える。

これはもともとが階級社会だったヨーロッパの「伝統」なのです。そこにヨーロッパの「知恵」というか、社会というものに対する考え方の基本があります。そして、「伝統」と新しい「革新」的なものの間のバランスを図ろうとする。このバランスを図ろうとする精神こそが「保守」なのです。

ヨーロッパでは、いかに進歩的なことを唱える左翼系の学者であっても、まずどっしりとした伝統の上で議論します。自分たちの思想が、ギリシャ・ローマや中世社会の、さらにはルネッサンスの遺産の上に成り立つものであることを当然の大前提にして考えます。

あるとき、左翼系の学者と話していて、ケンブリッジを辞めて別の大学に行くとしたらどこがいいかという話題になったとき、彼は即座に「ローマ人がつくった町がいい。ローマ人がつくった町がやっぱり一番うまくできている」と答えました。

近年のヨーロッパでは、EU拡大により、多様な民族が国境を越えて入り混じるようになりました。またイスラム系移民やアラブ系の進出で多民族化が進み、「伝統的」ヨーロッパはそのままでは維持できなくなりつつあります。

民主主義や人権が大事だとか、多様な民族を許容し少数派への差別をなくそう、といったこともよく議論されます。新しい「ヨーロッパ市民」などという観念も提起されています。

しかしそれは、根本に揺るぎないヨーロッパの伝統があるから言えることです。社会の中心部に、容易には崩壊しない「伝統」があるからこそ、多民族化の許容や徹底した平等主義などという議論もできるのです。

最近、フランスの元首相のド・ヴィルパン氏が来日し、シンポジウムで一緒になりました。ド・ヴィルパン氏は、二〇〇三年にアメリカがイラク攻撃を仕掛けるときに、これに反対する演説を国連の場で行って世界中に大変強い感銘を与えた人物です。このとき彼は、これまでいくたびもの戦争にまみれた「古いヨーロッパ」だからこそ、アメリカに反対するのだ、と言いました。「新しいアメリカ」の「新しい戦争」などというものを彼は信じていないのです。

シンポジウムのテーマは「多言語主義」で、彼は少数言語を守り、文化の多様性を保持することの重要性を強く訴え、フランスの多言語教育の意義について熱っぽく語りました。

ところが、講演のおしまいのほうになると、いかにフランス語が優れた重要な言語であるかを語り、フランコフォニー（フランス語を話す人々と国々からなる共同体）のようなプログラムによって、フランスがいかにフランス語を世界に発信しているかをこれまた強く訴えました。

フランス語教育のフランコフォニーは、十九世紀植民地主義の遺産の上に乗っているものです。むろん彼は、いかにフランコフォニーが言語の多様性と矛盾しないか、植民地主義とは異なるものかを付け加えることを忘れませんでした。しかし、彼がフランス語、およびフランス文化への揺るぎない信頼を胸中に秘めていることは疑いありません。

ド・ヴィルパン氏も、自文化の「伝統」へのこれほどの確信があるからこそ、少数派の権利や多様性の主張などを平然と唱えられるのです。そのことを、われわれ日本人は忘れてはなりません。思想を理解するには、背後にある歴史の重層構造を見なければなりません。

ともかく、向こうに行くまでも何となく感じてはいたのですが、一年間ちょっとイギリスに住んでみただけで、彼らがそのような「伝統」の上にしっかりと腰をおろしていること、だからこそ、革新的な思想を唱えることもできるのだということが、歴然とわかりました。

九〇年代の日本で起きたこと

ところが帰ってきた日本では、九〇年代、構造改革一辺倒の時代を迎えます。湾岸戦争が終わり、バブルが崩壊して景気が悪くなり、構造改革論が出てきました。構造改革とは、主に規制緩和によって市場競争化を促進する経済改革のことです。最初のうちは、行政改革、財政改革のように、フィールドが限定された個別の改革として論じられていました。

それが、二、三年もするうちに、話がどんどん大きくなる。もはや日本型経営システムは機能しない。日本的経営では世界に通用しない。日本の官僚システムは、経済活動を規制でがんじがらめに縛っているから、これらはすべて壊さなければならないと、声高に叫ばれるようになりました。

その一環として政治改革も出てきます。小沢一郎が自民党を飛び出して新生党をつくる。最後には「自民党をぶっ壊す」という小泉首相が登場して、とにかく旧来の日本をぶっ壊さなければと、そのまま突っ走ってしまった。

構造改革論とは、簡単に言ってしまうと、個人の自己責任を説き市場競争を唱える、また政治は官僚主導を排し、国民大衆の意思を反映するべく民主化する、ということです。官僚は選挙で選ばれたわけではないから、官僚主導政治は民主主義に反するというわけです。

いうまでもなく、これは徹底した進歩主義思想でしょう。しかも驚いたことに、この話に、進歩主義者だけでなく、保守派も乗っかって、「新保守主義」と命名されてしまう。これが九〇年代の日本で起こったことです。

社会の土台を変革しようとする誤り

どうして構造改革がかくも強大な力を持ってしまったのか。

一つは、背後にアメリカからの要求があったということです。もちろん日本のこれまでの政治・経済制度や慣行に問題がないわけではない。「改革」の必要も確かにあった。しかしそれ以上に強かったのがアメリカからの圧力でした。

しかし考えてみれば変な話ではないでしょうか。八〇年代の終わり、バブルの絶頂期に、日本経済は製造業の生産性においてアメリカを上回るところまできた。どうしてかと言えば、日本型経営システムが非常にうまくできていたからです。日本型経営システムは一種の集団主義です。集団主義的な形をとることによって、単に個人でなく、組織全体が、高い能力を発揮できる。

個人の競争もないわけではない。企業の中では昇進や仕事をめぐる競争がありました。その結果、日本の生産性はアメリカより高くなったと言われました。アメリカの経営学者は日本を見習えと言い、「日本の奇跡」についてのMITの報告書なども書かれたのです。

ところが九〇年にバブルが崩壊し、日本経済が悪化すると、とたんに日本全体が自信を失ってしまった。アメリカのエコノミストは掌《てのひら》を返したように、日本が失速したのは集団主義のせいだ、日本的経営が悪かった、と書き立て、日本の評論家もオウム返しのように同じことを言い出しました。アメリカ人はご都合主義ですから、論調はここで一気に日本バッシングに変わります。

アメリカからすれば、太平洋戦争であれほど壊滅的な打撃を受けた日本が三十年や四十年でアメリカに追いつくはずはない、という思いがあったのでしょう。どうしてこんなことになったのか。それは日本がまともに市場で勝負せず、不公正な競争をしているからである。不公正のもとは、日本の集団主義的体質であり、非民主的な官僚支配である。要するに、日本社会の「構造」そのものを根本から改めなければならない、というわけです。

私自身、日本経済に随分問題はあったと思います。特に、経済大国となった八〇年代後半、バブル景気の時期の日本には大きな問題がありました。停滞の原因は、すでに八〇年代の後半に生じていたのです。

また、経済だけでなく、日本の行政システムがそのままでいいともまったく思いません。改革の必要なことは間違いない。

ただアメリカが言うような徹底的な進歩主義的改革によって、日本社会がうまくいくとは、とても思えませんでした。

社会の「土台」がアメリカとは違うのです。

経済や政治制度はあくまで社会の「土台」の上に乗っており、この「土台」は歴史的条件やその国の文化や、さらには人々の価値観と切り離せません。

むろんそのありようは時代とともに変わります。しかし、経済や政治の制度を合理化するために、社会の「土台」を根本から変革するなど、無理な話です。少なくとも数年では無理です。そんな合理主義的な変革がすぐにできると考えるほうが、間違っている。

これを突き進めると、日本社会はもっと混乱するのではないか。九〇年代の半ばあたりから、私自身もそういうことを新聞や雑誌に書きました。しかし改革の大合唱の前に、残念ながら、この声は、ほとんどかき消されてしまいました。民主主義のもとでは、威勢のよい大きな声が力を持つのです。

伝統・慣習はなぜ重要なのか

先ほど言いましたように、いわゆる左翼進歩派が変革を訴えるならまだしも、構造改革論を支持したのはむしろ保守派でした。いわゆる「新保守派」です。

これは奇妙なことでした。どうして保守派と言われる人たちが、このような急進的な改革を支持してしまったのか。ここには、保守主義というものに対する、日本人の非常に大きな勘違いがあります。

勘違いの原因は、端的に言えば、ヨーロッパにおける「保守」と、アメリカにおける「保守」の違いをまったくわかっていなかったからです。この両者では、考え方が大きく違うのです。

ヨーロッパの保守主義にはいくつかの起源や流れがありますが、誰しもが一様に名指しするのはエドマンド・バークというイギリスの政治家であり著作家でしょう。

バークは十八世紀後半のイギリスで活躍しました。何と言っても彼を今日に至るまで知らしめたのは、フランス革命への激烈な批判でした。フランス革命が起きて間もなく、彼は有名な『フランス革命の省察』というパンフレットを書いて、イギリスで発表します。まだルイ十六世やマリー・アントワネットが処刑される前で、フランス革命が勃発した翌年ですが、彼は革命を徹底して批判します。革命という形で社会秩序を根底から変えるという試みは、とんでもない大混乱を引き起こすというわけです。

政治体制や社会秩序の「継続」こそが重要で、安易に合理主義的精神でもって、社会を根本的に変革できると考えてはならない、と彼は言います。そこで彼は、イギリスの名誉革命をたいへん高く評価します。名誉革命は血みどろの変革ではなく、イギリスの政治や社会秩序の継続性をうまく守った。われわれ日本人は、名誉革命は古いイギリスを打ちこわした体制転換だったと思っています。しかしこの通俗的な理解とは違って、大きな「革命的変革」を回避したところにこそ名誉革命の意義がある、とバークは言うのです。

歴史的なものの中にある知恵を無視してはならない。この知恵は伝統や慣習という「相続財産」の中に埋め込まれている。われわれは、常にある国の伝統の「遺産相続人」であることを自覚しなければならない。もしそれを無視して秩序を大変革しようとすれば、醜い権力争いへと投げ込まれ、社会が大混乱に陥る。これが彼の批判の主旨です。

むろん、伝統や慣習は合理的な見地からすれば「偏見」に満ちたものでしょうし、またある種の既得権益とも見えるでしょう。しかし彼は「偏見」の重要性を説き、「偏見の擁護」を訴えます。少なくとも、「偏見」であるからというだけで排除してはならない、と言います。

人間は完璧な存在ではなく、合理的、理性的に物事を割り切れるものではない。人間の合理性や力には限界がある。現実の世界には、人知や人の力を超えたことがいくらでもあります。

そうだとすると、歴史の中で培ってきたものの中に、ある種の知恵があると考えなくてはならない。彼はそう訴えたわけです。

偏見の一例は貴族です。ヨーロッパの伝統における貴族に対する敬意は、実は何の根拠もないものです。家柄や血筋には何の合理的根拠もない。ですから貴族に対して敬意を表することは、一つの偏見でしょう。

だけれども結果として、貴族制度のお陰で、ヨーロッパの素晴らしい文化が培われ、ある種の気高い精神が維持された。またヨーロッパの社会秩序が守られてきた。だからこういう偏見を大事にしなければならない。彼はそう言います。

貴族的なものが失われればどうなるか。彼は言います。「貴族の次の世代はおそらく、策略家、道化師、相場師、高利貸し、ユダヤ人のようになるだろう」。彼らは貴族階級を破壊し平等を求めます。しかし「水平化を試みる人間は、決して平等を生み出しはしない」。そこでは「必ず一部の人が高い地位を占めるはずであり、結局、水平化を図るものは、事物の自然の秩序を歪曲するだけ」なのです。

むろん、逆に、何でも過去のものを偏見として大事にせよ、というわけではありません。重要なのはあくまでも「賢明な偏見」です。

彼によれば、宗教も一つの「賢明な偏見」です。宗教にも合理的根拠はないけれど、人間には緩《ゆる》やかな形での宗教が必要である。それがなければ、人間は、むき出しの形で自分の欲望を追求し、利己心を解放してしまう。バークにとって、宗教とはイギリス国教会ですが、それがあって初めて、欲望やむき出しの権力を抑制することができ、社会秩序は安定する。国教会とイギリスの国家は不可分なものなのです。

バークが革命的変革に対して批判的なのは、革命は、このような偏見を全部バッサリと断ち切ってしまうからです。社会の変化は必要なものです。しかし、変えていく場合にも、常に歴史に学びながら、何を残せばいいかということを中心に考えていくべきである。これはイギリスの典型的な保守の考え方なのです。

バークは次のようにも言います。

「概して革新の精神は、利己的な性情と狭歪《きょうわい》な視野の産物である。自分の先祖を振り返ってみようとしない徒輩《やから》は、決して自分の子孫にも目を向けないだろう。さらにイギリス国民は、相続という観念が、保存と継承という二つの確実な原理を与えると同時に、他面で、決して改良の原理を排除しないことを知っている」

普遍的人権など存在しない

これもよく知られたバークの議論ですが、彼はフランスの人権宣言も批判します。自分は決して人民の権利を無視するわけではない。ただ、それを、いったん社会秩序を解体したうえで、人間が生まれながらに持つ普遍的権利というような抽象的なものとすることに異を唱えるのだ、と彼は言います。

イギリスにおいて、人民の自由への権利は、マグナカルタや権利の請願によって保障されてきた。これはイギリスの統治や社会秩序としっかりと結びついて、歴史的に展開されてきたものだ。要するに、一般的で抽象的な自由などというものはなく、自由の観念は常に、ある社会の秩序や権威と結びついている、というのが彼の主張です。

イギリスの憲法は、十五世紀の法律家で立憲主義の立役者であるエドワード・コークの起草した「権利の請願」の精神が一つの源泉になっていますが、バークはそれがずっと受け継がれてきたこと、名誉革命もこの精神に基づいたものであることを強調します。

彼によれば、人間の権利とは、常に具体的な内容を伴うものであり、イギリス人の権利やフランス人の権利といった、特定の歴史的文脈の中で初めて意味を持ちます。それを離れて、抽象的・普遍的な「人権」などというものは存在しません。

このことを、バークの影響を受けた十九世紀フランスの思想家ド・メストルは、「私はフランス人、ロシア人、イタリア人などは見てきた。しかし、いまだかつて人間なるものは見たことがない」と表現しました。

このようなバークの保守主義の精神は、むろん時代的制約はあるものの、現代にいたるまでイギリス保守主義の精神として受け継がれています。

バークがわれわれに教えてくれるのは、ただ、王権や貴族制が大事だなどということではありません。学ぶべきは保守主義の基本的な態度、ものの考え方であり、発想です。

合理的で根本的な社会変革などという大それた計画を疑うこと。人間の合理性や能力の限界を知って、歴史の中にある「賢明な偏見」に目を向けること。抽象的・普遍的な原理ですべてを割り切るのではなく、特定の国や地域という文脈で歴史的に具体的に展開されてきたことを、いっそう信頼すること。これが、バークの保守主義から学ぶべき態度と言ってよいでしょう。

弱く頼りなき人間の知恵

イギリスの戦後を代表する思想家であるオークショットは「保守主義とは何か」という論説の中で次のように書いています。

「保守的であるということは、単に変化を嫌うということだけではなく、変化への適応というすべての人間に課された活動を行う一つの方法である」

それではその方法とはどういうものなのか。オークショットは言います。

「保守的であるとは、見知らぬものよりも慣れ親しんだものを好むことであり、試みられたことのないものよりも試みられたものを、神秘よりも事実を、可能なものよりも現実のものを、無制限のものよりも限度あるものを、遠いものよりも近くにあるものを、あり余るものよりも足るだけのものを、完璧なものよりも重宝なものを、理想郷における至福よりも現在の笑いを、好むことである」

こうした態度が、変化のもたらす不確実で頼りない可能性にとびつくより先に、まず、それがもたらすと予想される混乱や破壊や喪失に対して警戒心を持つのは当然です。そして、私には、これは普通の人間が、自らの弱さや頼りなさを補うために、ごく自然に身につけている知恵だと思われるのです。

そして、社会学的に言えば、こうした知恵がもっとも発揮されるのは、様々な人間の付き合い方においてでしょう。社交、もう少し言えば、人間の社交が形になった様々な集団においてです。

そこでイギリスの保守主義のもう一つの特徴は、家族や地域のコミュニティや人の集まりを非常に大事にすることにあります。これはバークも言っていることです。

イギリスのコミュニティの柱の一つは教会です。学校や教会のような組織を使ってコミュニティをつくる。そのような人々の集まりが、一方では、個人がむき出しの形で社会に放り出されることへの防波堤になる。他方で、中央集権的に、政府に権力が集中してしまうことへの防波堤にもなる。様々な人の集まり、コミュニティ、中間集団、これもイギリスの保守主義の重要な構成要素なのです。そして、フランス革命は、この種の多様な集団をことごとく破壊してしまったことも、バークは批判するのです。

イギリス的保守の対極に位置するアメリカ

ところがアメリカの保守主義はこれとはかなり様相を異にします。

これも多少単純化して言えば、アメリカは、イギリスの王制と貴族階級に反対して独立した国です。ですからアメリカという国の成立そのものが、イギリスから見れば、本質的に、進歩主義的と言ってよい。アメリカの建国の柱は、たとえば個人の自由な活動や平等という理念です。これらは、イギリスからすれば、極めて急進的な自由主義思想で、保守の対極に位置するものです。

またアメリカ建国の精神として宗教があります。アメリカに渡ったプロテスタントの一派、いわゆるピューリタンと言われる人たちは、イギリスでは革命派と言われていました。実際、十六世紀には王権によって弾圧されて、ピューリタン革命を起こします。

彼らは反体制派であるがゆえにイギリスを追い出され、「新しいエルサレム」を求めてアメリカにやって来ました。

もちろんアメリカの中には、イギリスと同じように地域や教会のようなコミュニティを重んじる風土もあります。また、ワシントン政権で財務長官を務めた政治家ハミルトンもそうですが、王制を始めとする、イギリスの政治制度を真似ようとする試みもありました。コークの立憲主義の精神を受け継いだのもまた、イギリス的保守主義の継承と言っていいでしょう。

特に、私は、アメリカには、現代にいたるまで、教会や学校を軸にした地域コミュニティを育て、そこにおける道徳や価値を大切にする伝統があることに注意しておきたいと思います。これは確かに保守主義の伝統です。

しかしそれでも、大きな筋だけ取り出してみると、独立の経緯からして、アメリカはイギリスの保守主義とはまったく対立する国であると見ておく必要があるのです。

要するにアメリカにとっては、建国の精神に立ち戻ることが保守なのですが、しかし、建国の精神そのものが、イギリスのみならずヨーロッパから見れば、極めて進歩主義的で急進的な、左翼的な近代主義思想にほかならないのです。

左翼の語源は、フランス革命時の国民会議で、急進主義者が左側に陣取っていたことにあります。アメリカを建国したのは、自由、平等、人権などの普遍性を訴えた急進的な独立主義者だったわけです。

「保守派」レーガンの急進主義

八〇年代に登場したレーガン大統領は、アメリカの建国の精神への回帰をうちだして、アメリカでは「保守」と呼ばれました。自らの責任において、自分の能力を最大限に発揮し、成果をあげる。そのため市場競争をできうる限り広汎に導入し、競争によって活力を引き出す。レーガンのこの考え方は、アメリカの建国精神のまさに中核にある自立と自助にほかなりません。

むろん建国の精神に市場競争の全面的展開などというものはありません。しかし、個人が独立した経済人として自分の財産を自由に経済活動に生かし、さらに財産を獲得する。その行動に個人の自由の大きな意味があり、個人の能力の自由な発揮があると評価するのは、まさにアメリカ建国の精神です。

この自助努力による個人的自由という建国の思想を、レーガンは一九八〇年代へリコールし、それによってアメリカの活力を引き出そうとしたのです。

さらにレーガン大統領がもう一つ掲げたのは、特にプロテスタントの福音派と言われる、宗教的ラジカリズムの復興です。福音派は、必ずしもプロテスタントに限るわけではないのですが、ともかくも聖書中心で、中絶の絶対反対や進化論の否定などに見られるように、非常に原理主義的なニュアンスが強い。

これもやはりアメリカの建国の精神にある急進的なピューリタン的思想の現代的復興と言っ

てよいでしょう。レーガンは、福音派を手掛かりにすることによって、アメリカの道徳的規律を立て直そうとしたわけです。

　この二つの「原理」に立ち戻ろうとしたがゆえに、レーガン大統領は、アメリカでは保守と称された。そこで、個人主義的な自己責任に基づく市場競争主義こそがアメリカの保守主義とみなされることとなりました。

　しかしヨーロッパからすると、レーガンは決して本来の保守ではない。市場原理主義もピューリタンの原理主義も、決して保守ではありません。むしろそれは、自由主義や宗教的急進主義と言うべきものです。

　ただ、一応注釈的に言っておくと、八〇年代には、イギリスでも、レーガンと志向がよく似たサッチャー政権が登場します。サッチャー改革は、イギリスに急進的な市場原理を植え付けようとしました。また、ヴィクトリア時代を模範とした強い自主独立精神に満ちた個人を称揚しました。

　サッチャー政権は保守党政権ですが、しかし、彼女自身は、当時から保守党の中では非常に浮いた存在で、決して典型的な保守派の政治家ではありません。その意味では、小泉さんが自民党にありながら自民党の異端であったのと似ているかもしれません。

　しかも、当時のイギリスは、労働党政権のもとで、ストばかり行われて、経済が恐るべき状態にありました。労働党政権下で活力が極度に低下し、社会全体がほとんど機能不全に陥っていました。

だからサッチャーのような政治家が登場するのも、ある意味では当然なのです。ただ九〇年代に入った頃には、イギリスでのサッチャー評価は大変厳しいものでした。当時のイギリスで、私は人々が「怖いサッチャー小母さんが、ほうきを持って、働け働けと言ってまくしたてる」と言ってニヤッと笑う光景をよく見ました。

世界のアメリカ化を目指したネオコン

いずれにしても、アメリカにおける保守と、ヨーロッパ、特にイギリスにおける保守とは、考え方がかなり大きく違います。

そして日本が受け入れたのは、アメリカ型の保守でした。

先ほども言いましたが、七〇年代、八〇年代にかけて、多くの経済学者や政治学者がアメリカに留学し、アメリカの社会科学の基本的な考え方を、取り入れてきました。合理主義、実証主義、それから個人主義、自由主義、民主主義。これらに絶対的価値があるという考え方が、日本の社会科学の主流を占めるようになりました。

そして、二〇〇一年の九・一一テロを契機として、さらに「ネオコン（新保守）」が台頭してきます。

「ネオコン」とは、ただ市場競争を強く唱える経済学上の「新しい保守」というよりももっと強い意味の、一定の歴史観と思想的立場を明瞭に持った人たちです。

すなわち、彼らの基軸には、自由主義、民主主義、市場経済などを絶対的とみなし、それゆえにその世界化を推し進めようという意図があります。

進歩主義思想を徹底して追求しようとすれば、世界中をアメリカ化する、つまりアメリカ流に民主化する必要が生じます。しかも、彼らの歴史観によると、自由主義や民主主義、市場経済原則には絶えず敵対者が現れ、それらを脅かす勢力が出現する。ファシズムにせよ、社会主義にせよ、自由主義・民主主義・市場経済への脅威でした。そして、この脅威に対しては、積極的に武力でもって対決する必要がある、というのです。

「ネオコン」論者たちのルーツをたどると、ナチズムや社会主義を逃れて、アメリカにやってきたユダヤ人が中心です。彼らの多くはもともと民主党の支持者だったのですが、七〇年代末のカーター大統領の対外的な弱腰政策に失望し、レーガン大統領の登場とともに、彼の対ソ強硬路線に強い支持を与えるようになります。

社会主義の崩壊以降、彼らの主要な脅威は、イスラム原理主義と反米的なアラブでした。それは九・一一テロによって決定的に裏付けられ、以降のアフガン戦争やイラク戦争に繋《つな》がっていくのです。

「ネオコン」は、ブッシュ大統領のイラク政策の失敗によって、かなり影響力が後退しました。ブッシュ政権を支えたラムズフェルドやウォルフォウィッツといった「ネオコン」も政権から去りました。

日本にアメリカ型保守は合わない

ユダヤ・キリスト教を背景において、自由主義・民主主義の世界化を図る。そのためにアメリカの政治・経済的、さらに軍事的力を圧倒的なものにする、という「保守」は、極めてラジカルな「進歩主義」と言わねばなりません。

はたしてこのアメリカ型の保守が日本に合うのでしょうか。答えは明らかです。

私は保守思想の本質はイギリス型に求めるべきだと思います。バークが強く主張したように、その国の歴史に即して社会を変えていくこと、その国の歴史的・文化的なコンテキストに即して問題を解決していくことが、保守の基本です。

むろん、近年は、世界的に「アメリカ的」なものの影響が強く、本場のイギリスでも、「保守」とはレーガン・サッチャー路線の後継者とみなされる面があるようです。

少し前に、現代イギリスの代表的な政治思想家で、オークショットの弟子でもあるジョン・

グレイと話したことがあります。彼は、自分はイギリス本来の「保守」の継承者なのだが、今日では保守というと、みんなレーガン・サッチャー流の市場原理主義を思い浮かべるので困ったものだ。本当の保守主義者は世界中を眺めてもどんどん少なくなっている、とこぼしていました。

確かにアメリカ的な思考は世界を制覇しつつあるのかもしれません。しかし、われわれは、本来の「保守」に立ち返るべきです。「保守」を自認するのであれば、アメリカに追随する日本の現状に対して批判の目を持つべきです。

日本の現状を見れば、日米関係を守るためには日米同盟を重視し、アメリカの要求を受け入れないとしょうがない。その事情は私にもわかりますが、そのような現実的な利益の話と、思想的な問題とは、まずはきちんと分けて考える必要があります。

それに国益の観点からしても、アメリカの価値観を無条件に受け入れてしまうのは、長期的に見て日本の利益になるとは思えません。日本社会が大きく混乱していくだけです。

歴史には、合理的には解釈できないことや、合理的に言えば間違っているかもしれないこともある。しかしそこにはその国が大事にしていた文化や価値観が含まれています。それを簡単に放棄してはならない。社会を組み立てる場合にも、また、政治改革や行政改革においても、根底では日本的な価値を保持し、そこから出発するほかないのです。

日本で「保守」を唱える難しさ

　ところがここまでくると、どうしても「日本の保守」という立場の難しさに思い至らないわけにはいきません。

　実際、自由や民主、個人主義や人権からなる市民社会などという、抽象的で普遍的な理想を唱えている「進歩主義」のほうがはるかに楽です。戦後日本の公式的な価値観はこれらの「進歩主義」そのものでした。だから「進歩主義者」は、戦後日本の理想を追い求めればよく、その観点から現実を批判すればすむからです。

　これに比べれば「保守主義」を唱えることは大変難しい。それは、まずは戦後日本という「進歩主義」の価値と格闘しなければならないからです。だから保守派は、どうしても「戦後を疑う」というところから出発することになる。ここに「日本の保守」の困難さがあります。

困ったことに、第二次大戦によって、日本は国土だけでなく、日本的価値や日本的精神も、すべて焼きつくされた感がある。日本的精神や日本的価値とはいったい何なのかが、戦後の日本人にはわからなくなってしまいました。

　代わって持ち込まれたのが、アメリカ型の、自由民主主義、人権主義といった価値観です。さらにアメリカの都合によって、武力放棄の平和主義もプラスされた。その結果、戦後の日本人は、このアメリカ的近代主義の理想化されたものこそ普遍的価値だと思い込んでしまいました。

むろん、私は平和という価値を否定しません。民主主義や個人の自由も、基本的には大事だと思っています。そんなことはわざわざ言うまでもないでしょう。それらが侵されることがあれば、もちろん抗議もし、抵抗もします。

しかし、自由でもって何を実現し、自由でもってどのような生活をするか。これは日本の文化の問題です。

自由が無条件に大事だと言ってしまうと、とんでもない「悪」をなす自由も認めることになりますし、単なる放縦も認めなければなりません。「自由」が大事なのではなく、「自由」によって何をするかが大事なのです。

市場競争についても同じです。経済を活性化することによって、どのような生活をするか、どのような国土をつくるかが大事なのであって、市場競争そのものが大事なのではない。富を生み出すことそのものではなく、富をどう使うのかが重要なのです。

民主主義も同様です。民主主義そのものが大事なのではなく、民主政治で国民の意思を吸い上げることによって、国民の中にある文化や価値の重要なものが政治の場に表現されることが大事なのです。

したがって、日本人がいかなる文化を重んじ、いかなる価値観を持つかがある程度了解され、ハッキリしてこなければ、自由も民主主義もうまく機能しません。

それにもかかわらず、今日の日本では、物事がうまくいかないと、行政の管理や規制が厳しくて自由がないからだ、あるいは民主主義が実現していないからだ、さらには市場競争が機能していないからだ、と言われます。

確かにそうした面もあるでしょうが、現代日本の問題の根源は、そこにはありません。自由や民主主義、市場競争によって、何を実現したいのか、どんな社会をつくりたいのか。そのヴィジョンも、プランも、想像力もなくなってしまったところにこそ問題があるのです。

しかし、それはある意味では、しかたのないことです。われわれは「戦後」という時間にあって、すでに達成すべきものは達成してしまいました。われわれは、もはや本当に切実な問題には直面していないとも言えます。

切実な問題はないにもかかわらず、不満やいらだちは募る。どこまでいっても窮屈な感じは否めない。そこで、いっそうの自由を、いっそうの民主主義を求めることになる。それが戦後の公式的な価値としては最もわかりやすいからです。

こうして、ますます不安やいらだちだけが募り、結果として、ますます身動きのできない状態に自らを置いてしまう、というのが今日の日本人の姿ではないでしょうか。

ねじれ国会も格差問題も同根

これを政治の世界で考えれば、今の国会がとんでもないことになっている原因もわかります。二〇〇五年の衆議院選挙では自民党が大勝しながら、二〇〇七年の参議院選挙では自民党が大敗を喫しました。二年の間に、特に何があったわけでもありません。大暴動が起きたわけでも、革命があったわけでもない。戦争が起きたわけでもなければ、大恐慌があったわけでもない。ただ何となく、国民のムードが変わってしまったのです。

風の吹くままに国民の情緒が変化し、小泉さんは何かやってくれそうだけれど、安倍政権は何となくダメだというムードになった。年金問題や朝日新聞を始めとするマスコミの反安倍キャンペーンもありましたが、実際には、安倍政権に決定的な失策があったわけではありません。果たして、日本では民主主義が機能していないのか、あるいはちゃんと機能しているのか、いったいどちらなのでしょうか。

政治に民意が反映されるという意味では、見事に民主主義は機能しています。民意はこの上なく反映されています。そして民意が完全に反映された結果として、民主的な意思決定がまったくできなくなってしまった。

現在の日本の政治状況こそ、「民意」が反映されればそれでよいのではなく、「民意」の内容、質が問われることの、明らかな証拠と思われます。

最近深刻化していると言われる格差の問題も同様です。

自由な競争を徹底して、能力のある者がどんどん金を稼げるようにするのが構造改革ですから、構造改革を実行すれば、格差が生じるのは当然です。

だから、格差が出たことは構造改革の勝利であると言うべきでしょう。実際、九〇年代に構造改革論が登場したときの根拠は「日本は社会主義と言っていいぐらいに平等すぎるから」というものでした。もっと格差が開けば、それだけみんなやる気を起こす、と言われました。

しかし、今、誰も「格差拡大は構造改革の成果である」などとは言いません。構造改革を手放しで礼賛した人たちが、今度は格差が問題だと批判する。民主党もそうです。多くの経済評論家もそうです。

すべては「戦後」の見直しから

どうしてこんなことになるかと言えば、国民の中で、自分たちの守るべき文化、自分たちが大事にすべき価値観が見失われてしまったからです。そもそも構造改革を断行して市場競争を徹底して、それでどういう社会にしたかったのか、というヴィジョンが何もなかったということです。

これを立て直すのは非常に難しい。絶望的と言ってもいいでしょう。

戦後日本は、今のところ依然として世界に冠たる経済大国ですし、自由や平等も世界標準からすれば十分に実現しました。外国から侵略される危機もなく平和を保ってきました。しかしその半面で、ほとんど精神の空洞化とも言える、価値・規範の崩壊がもたらされました。

よく誤解されがちなのですが、経済繁栄や平和の副産物として価値崩壊に陥ったわけではありません。それは同じことの二面、戦後日本社会に張り付いた表と裏です。「戦後日本」というある意味では特殊な構造が、その両者をもたらしました。

価値の基準を再構築するには、戦争によっていったい何が起きたのか、占領政策によって何が起きたのか、そしてその上にある「戦後」とは何なのか、それを見直すところから始めるしかありません。そのように発想するのが「保守」というものです。

「経済繁栄は結構なことだ。これは構造改革によってもっと推進しよう。問題は道徳規律の崩壊だ。そのためには教育を改めよう」というような発想ではない。戦後日本の経済繁栄も道徳崩壊も、平和も閉塞も、すべて同じ「戦後」という特殊な時空で生じている、と見るべきなのです。

こうして「戦後」の見直しこそが、「保守」の最も基本的な課題になってくるのです。

第三章 成熟の果てのニヒリズム

ニーチェとの出会い

私は奈良という地方都市に生まれ、高校までそこで育ちました。もともと、文章を書くことはおろか、本を読むことも決して好きではありませんでした。高校に入った頃からは多少読んでみようという気にもなったのですが、地方都市なので、本屋など小さなものが二、三軒あるだけ。手に入るのは、文庫本の古典ぐらいのものです。

あるとき、高校一年の終わりだと記憶していますが、中央公論社で『世界の名著』というシリーズが発売になりました。

このシリーズはそれなりに前宣伝をしており、第一回配本が『ニーチェ』でした。私はその本がとにかく読んでみたくて、発売日に買いに行きました。

ところがこれが難しくて、何が書いてあるのか、まったくわからない。有名な『ツァラトゥストラはかく語りき』も入っていたのですが、わけがわかりません。ただ本の口絵には、イタリアのある岬から写した地中海のきれいな写真が入っていました。本の中身はさっぱり頭に入らなかったのですが、この写真だけは妙に記憶に残りました。

ニーチェについてさして詳しく知らなかったのですが、それでも彼がドイツ人の哲学者で、何だかとんでもないことを主張して、社会から爪弾《つまはじ》きにあい、挙句の果てに狂って精神病院で死んでしまったということぐらいは、私でも知っていました。

このような数奇な運命を辿《たど》った狂人じみた思想家がいったい何を言っているのか。それを知りたくて本を読んだのですが、ページを開いて最初に目に飛び込んできたのが、美しい地中海の写真です。私が抱いていたニーチェのイメージとまったく合わない。この不幸な人の本の口絵にどうしてこんなきれいな写真が掲載されているのか。それがずっと不思議でした。

そのときは不思議なままで終わったのですが、妙なもので、そのことは頭のどこかにずっと残っていたようです。結局、私は、今頃になって、ニーチェの言っていたことがわかってきたような気がします。ニーチェが言った「ニヒリズム」こそ、現代社会の決定的な問題だと思うようになってきたのです。

ニーチェは、自分はこれから来るべき二百年のことを述べよう、それはニヒリズムである、と予言しました。ニーチェの死は一九〇〇年。その後の時代状況は、まさに彼が予言した通りのものになっています。

道徳・正義の裏に潜む権力欲

ニーチェの議論についての細かい説明は省略しますが、ニーチェが述べたのは、現代人のもっともらしい道徳や市民的意識や正義などは欺瞞、もしくは偽善だ、その裏には、道徳や正義を振りかざし、いわば合理的に他人を支配したいという権力欲が潜んでいる、ということです。言い換えれば、現代文明を支えている正義や真理や道徳などには何の根拠もない。そして、ヨーロッパにおいて、その欺瞞や偽善を生み出したものは結局のところユダヤ・キリスト教だ、と言うのです。

現代社会では、たとえば自由や平等や人権、市民的道徳、社会秩序、平和愛好などを、われわれはほとんど無条件に「善」だと思っています。それは、われわれの社会の基本的な正義であり徳だと思われています。これらに正面から反対することは不可能です。

しかし、このきれいごとは実は全部インチキだ。人間はそんなふうに立派にできてはいないし、一皮むけば誰もそんなことは信じていない。自由や平等や人権が大事だというのは、そうしなければ「強者」によって支配されてしまう「弱者」が、自己保身のためにつくり出したたわごとだ。ニーチェはそう主張しました。ほとんど呪詛を込めて訴えました。

彼によれば、結局、すべての人間に共通するのは、力をもって他人を支配したいという欲望です。この「力への意思」をストレートに発揮できない弱者が生み出したのが、正義や道徳をもって強者をねじ伏せることだったというわけです。

道徳や正義を担ぎ出すこのやり方を、ニーチェは決して否定しません。そもそも人間は「力」を求めて他人を支配したい、あるいは他人に認められたい、といった根深い欲望を持っているのだから、そのことを間違っているなどとは言えないわけです。

しかしニーチェは、その欲望を、あたかも正しい普遍的な道徳や正義であるかのように見せかけるのは「不健康」だと言います。それは、欺瞞であり、偽善であり、虚飾である。その欺瞞を隠して正義の仮面をつけて生きることは人間をダメにしてしまう。精神の病人にしてしまう。

ニーチェ自身が精神の病を病むのですから、これは大変な皮肉なのですが、ともかくこの欺瞞によって成り立っている現代文明は「不健康」だというのがニーチェの認識です。

すべての価値を破壊する能動的ニヒリズム

そして、この不健康の中からニヒリズムが発生します。

ニヒリズムとは、ニーチェの言葉によれば、最高の諸価値の崩壊です。われわれが価値あるものと見なしてきたものの価値崩壊です。

ニヒリズムには、二つの種類があります。

すべて無価値である。だから、一見、価値あるように見えるものの無価値性、無根拠性をあばきだし、自明と思われている価値を破壊しよう。そしてその上で、本当の価値の創造を行おう。これが一つめの「能動的ニヒリズム」です。

まずは、われわれが自明のものとしている正義や真理や道徳を破壊する。欺瞞と偽善を暴露する。次に、それに代わる「健康な」価値を生み出していく。もっともこの価値創造は、真に優れた少数者、すなわち彼が言うところの「超人」によってしか行えません。

ついでに言いますと、ニーチェはプロテスタントの牧師の息子です。その影響があったのかどうか、彼はキリスト教文明を激しく嫌っていました。キリスト教の「神」は弱者である人間が勝手につくり出したもの、人間は自分を自らそこに縛りつけているにすぎない、と言います。つまり「神」など本当はいないのです。

「神」という観念の破壊は、まさに能動的ニヒリズムです。そこですべての価値の基準が崩壊してしまう。そして新たな価値をつくり出すのは人間自身なのですが、それは誰にでもできることではない。少数の優れた者のみがそれを可能とする、と言うのです。

文明崩壊の予兆としての第一次大戦

ニーチェが生きたのは十九世紀の後半、彼が死んだのは先にもお話ししたようにちょうど一九〇〇年です。最後の十年間ぐらいは精神病院で過ごしていますから、次々と著作を発表して活動したのは主として一八八〇年代の十年少しの間です。

このときニーチェは、表面上は近代化のさなかで繁栄の頂点を目指しているヨーロッパ文明を激しく攻撃します。この文明は全部デタラメであり、この文明を支えている根底には価値がない、と言ったのです。

実際、二十世紀に入ると、ヨーロッパでは、文明の崩壊感覚が強くなってきます。ヨーロッパ文明は自由や平等の理念を生み出し、経済の繁栄をもたらし、科学を生み出したものの、そのこと自体がヨーロッパを破壊しているのではないか。そのような意識が出てきます。

その典型的な出来事が第一次大戦でした。われわれ日本人にとっては、第一次大戦と第二次大戦を比べると、問題にならないぐらい第二次大戦のほうが大きいし、世界的にもそう思われているると考えがちです。

しかしヨーロッパ人にとっては、第二次大戦が大変な戦争であったことは間違いないにしても、第一次大戦もそれに劣らず大変な戦争でした。

そもそも第二次大戦は、ヨーロッパが第一次大戦の処理に失敗したから起こったわけで、後の悲惨な総力戦を生み出したという意味では、第一次大戦は決定的なのです。

第一次大戦をきっかけにして、ヨーロッパ文明の没落を背景にした、いわば終末論的な書物がいくつか書かれます。一九二二年に刊行されたカール・クラウスの『人類最後の日々』はとても壮大な戯曲ですが、何と言っても有名なのは一九一八年、第一次大戦終了直前に出されたシュペングラーの『西洋の没落』でしょう。

ここでシュペングラーは、西洋文明は没落しつつある、と一種、予言的なことを言うのですが、彼は「文化」と「文明」を区別します。

「文化」は、ある特定の国や地域という風土・土壌の中で育ってきた歴史的な価値をたっぷりと含んだ国民的な産物です。これに対して「文明」は、風土や土壌や歴史に根を持たない抽象的・普遍的なものです。

近代ヨーロッパは文化を放棄して文明を追求してきた。大都市という抽象的で根なし草の生を生み出し、抽象的な科学という合理性の形式化をもたらした。中でも重要なのは技術だとシュペングラーは指摘します。技術は普遍的で伝達可能であり、しかも文明を生み出した張本人です。技術への無条件の信仰という技術主義こそが、西欧の繁栄の証であると同時に没落の象徴なのです。

二十世紀は十九世紀にヨーロッパが達成した近代文明が音をたてて崩れ出す時代である、と述べたシュペングラーの著作は、終戦後の全ヨーロッパに大きな衝撃を与えます。

ではそれまでヨーロッパが築いてきた文明とはいったい何だったのか。まったく価値のないものだったのではないか。そこには何か致命的・本質的な問題があったのではないか。多くの人がそう感じるようになり、そこでニーチェを読み出します。

生前はまったく評価されなかったニーチェですが、死後ほどなくして、時代が彼を呼び戻すことになる。そこで、人々は、ヨーロッパ文明の根底にある価値が、実は大きな欺瞞からなっていたというニーチェのメッセージを初めて強く受け止めることになったのです。

何も信じるものがない消極的ニヒリズム

能動的ニヒリズムとは、従来の価値を破壊することでした。ニーチェは壊すことに喜びを覚えていた。しかし破壊ののち、次の新しい価値は出てきません。「超人」など実際には登場しません。

結果として何も信じるものがない。道徳観念も規律も、人々が共通に信じることができる確かなものがないという状態。それが「消極的ニヒリズム」で、ニヒリズムの二つめの意味です。

二十世紀の初頭とは、ヨーロッパ全体が二番目の意味の、深い、しかしあてどのないニヒリズムにどんどん落ち込んでいく時代でした。

これは、現代文明というものを考える場合に、非常に重要なことだと私は思います。

ヨーロッパの近代社会には様々な圧政がありました。ドイツ皇帝は非常に強い権力を持った存在であり、オーストリアにはハプスブルク帝国という巨大帝国があり、各地に専制君主制がありました。人々はそれらの圧政から解放されたいと願っていた。解放されるとは、自由を求めるということです。

またヨーロッパは階級社会です。階級社会にあっては、どうしても抑圧された人々が平等や民主主義を求めるようになります。

だから十九世紀のヨーロッパで、自由や平等や民主主義という価値が高々と掲げられるのは当然だったのです。圧政からの解放や、国家の独立運動を目指す自由を要求する。階級的不平等の中で平民や労働者が参政権を要求する。こうした要求が大きなうねりとなって、十九世紀のヨーロッパを動かしました。

そして十九世紀の終わりから二十世紀に入ると、それらはヨーロッパでほぼ実現してしまいます。ハプスブルク帝国もドイツ皇帝も崩壊し、各国が独立して、おおよそ今の国家状況が成立する。第一次大戦後には、自由が達成される。民主主義もそれなりに実現する。産業革命が起きて、富も増大する。生活も豊かになる。

その結果、人々は自由や民主主義に対してもはや強い価値を感じられなくなります。求めていたことがある程度実現してしまうと、命を懸けてまで自由を達成したい、独立を守りたい、政治参加を求めたい、といった気持ちがなくなってきます。

その結果、結束して何かを実現しようという意志も弱まります。一人一人がバラバラになり、自分個人の快楽や欲望しか追求しなくなってくる。これが二十世紀の初頭のヨーロッパの状況でした。

それを示す証拠はいろいろあります。

たとえばフロイトという精神分析家が出てきます。人間は決して理性で動いているわけではない。無意識のうちに何か欲望を持っていて、その欲望を実現したいがために、いわば代償行為をしているにすぎない。だから無意識の欲望に、うまくはけ口を見つけてやらなければいけない。これが彼が唱えた精神分析理論です。

また、オルテガやタルドといった人たちは大衆社会を問題とします。

オルテガは、二十世紀の初頭のヨーロッパ人を指して「甘やかされたお坊ちゃん」と呼びました。

先人が自由や平等や富など様々な権利を実現した後に生まれ、ただそれらを享受する。この文明を生み出すのに払われた代償や悲惨をほとんど想像することもできない。この恵まれた状態をごく当然のものと思っており、その上に胡坐《あぐら》をかくだけで、より優れた者、より高貴な者へと自らを高めようともしない。ただ、今ある状態に満足し、自分個人の欲望や情緒や感情だけですべてを判断しようとする。

オルテガはこのような人たちを「大衆人」とも呼びました。「大衆人」が社会の中心部へ躍り出、政治を動かすようになったのが、二十世紀のヨーロッパだというわけです。

市民社会を秩序づける道徳や正義が崩れていく。もしくは、そうしたものにもはや確かな敬意も価値も払うことができなくなる。そうすると、最終的に信じられるのは自分の力だけです。そして人々が唯一信じられるむき出しの力と力が衝突して起こったのが、第一次大戦だったのです。

文明の高度化が生きがいを喪失させる

現代文明の重要な問題は、自由も民主主義も結構、富を追求することも結構、基本的人権も結構、合理的科学も結構、しかしそれらがある程度実現し、切実な課題ではなくなったときにどうするか、というところにあります。

お腹が満たされて、言いたいことを言えるようになった。マスメディアが発達して、人と人とが簡単にコミュニケートできるようになった。表現の自由やら政治参加も基本的に認められている。それらが実現したときに、いったい何が起きるのか。これは現代社会において、少なくとも先進国が、共通して直面している深刻な問題です。

二十世紀の初頭に、ヨーロッパはすでにこの種の問題に直面しました。そして、それからさらに一世紀が過ぎ、われわれはいっそう大規模に、しかも深刻に、同じ問題に直面しているのではないでしょうか。

自由と豊かさの中では、人は本当にやりたいことを見失いがちです。たとえば、最近のフリーターの人たちと話してみると、みんな働くのは嫌じゃない、嫌じゃないけど、働いていったい何になるんだ、と言う。本当に自分にとってやりがいがあり、意味があるものならいくらでも働く。しかし、それがわからないからフリーターをやっていると言います。

今の若い人たちは、ある意味でとても気の毒だと思います。自由も平等も、それから富も豊かさも、生まれたときから手に入れてしまっています。しかも国民的規模での欠乏感もない。これ以上豊かになりたいとか、抑圧と戦って自由を手に入れたいとか、言いたいことがあるから表現の自由を与えよとか、そういう渇望がないのです。

人は何かしらの生き甲斐を求めるものです。昔は、家族で働いて貯金をして、マイホームを建て、二十年かかってローンを返済し、家族で喜びを分かち合おうと思えた。それで人生を全うできた。しかし、今の若い人たちには、もうそういうことが生き甲斐になりません。

人間は、自分が必要とされているという感覚を欲する存在です。社会からであれ家族からであれ職場からであれ、何か自分が必要とされているという感覚が欲しい。自分の存在意義を承認されたいものです。

それがあって初めて、自分は何のために働いているのか、何のために生きているのかを自分に納得させることができます。そこでささやかながら、それなりの「使命感」が生まれます。

しかし現代社会では、その使命感が出てこない。出てこないがために、フリーターでその日暮らしに甘んじてしまう以外にないわけです。

しかし、これは決して今われわれが直面しているまったく新しい問題というわけではありません。お話ししてきたように、二十世紀初頭のヨーロッパでは、すでにそのような問題が出現しています。一九二〇年代、三〇年代になると、生き甲斐や使命感を失い、最初から人生を諦めて、ただその日暮らしで快楽を求める世代が登場しました。これがいわゆるロストジェネレーションです。ロストジェネレーションはヨーロッパだけではなく、アメリカにも登場します。

当時の哲学者の多くは、まさにそのような価値崩壊の状況の中で思索します。先ほどのオルテガもそうですが、ほかにもドイツのベンヤミンやハイデガー、フランスではベルグソンといった思想家がいます。彼らがそろって問題にしたのは、文明がある程度高度化した段階で、人間はどうしたらもっとキリッと、使命感を持って生きることができるのかということでした。

ファシズムとの戦いとしての第二次大戦

ところがこの問題は、その後ずいぶんと長い間、覆い隠されてしまいました。なぜか。第二次大戦と冷戦があったからです。そしてここに、第一次大戦と第二次大戦の大きな違いがあります。

第一次大戦は、きわめて大規模な総力戦になったとはいえ、まだ、従来のヨーロッパの勢力争いの延長上に生じました。

しかし、第二次大戦は、明らかにそれだけではすまない新たなものを付け加えた。それはナチスによるユダヤ人虐殺です。ナチスの意図は、従来のヨーロッパの覇権争いの枠を超えた世界支配とユダヤ民族の浄化という独特のモチーフを持ったものでした。

本当は、第二次大戦全体の意味づけは、まだ確定したとは言えません。ナチスはユダヤ民族浄化という独自の構想を持っていましたが、イタリア・ファシズムにも、まして日本にもそのような意図はありません。

ドイツ、イタリア、日本は一緒にくくられますが、実際にはそう簡単ではありません。特に、日本の場合には、ヨーロッパの勢力争いや植民地争奪からもズレている。本当はこれらのことをきちんと研究する必要があります。

しかし、ナチスの存在があまりに強烈だったために、戦後、主にアメリカによって、第二次大戦とはファシズム対自由・民主主義の戦いであったと位置づけられてしまいました。その結果、ニュールンベルク裁判においては、「人道に対する罪」と「平和に対する罪」という新たな戦争犯罪観念が付加されます。

確かにナチスによるユダヤ人虐殺は、言語に絶するものでした。ヨーロッパ社会には、いまだに消しても消えない深い傷が残っています。第二次大戦を過去の戦争から際立たせているのは、ナチスがただヨーロッパ制覇を目指して戦争をしただけではなく、同時にユダヤ民族の全滅を意図した点にあったことは間違いありません。それゆえに、第二次大戦は、ファシズムと自由・民主主義の戦いであるという構図が大きな説得力を持ったわけです。

むろん、ここにはいくつかの問われなかった大きな問題があります。一つは、ではアメリカの日本への原爆投下は大量虐殺ではないのか、という問題です。

これについてアメリカは、日本はドイツと同様に、世界制覇の野望を持って組織的に戦争を意図した、つまりドイツと同じファシズム国家であるとし、責任は日本にある、と断罪します。そのため、東京裁判でもニュールンベルクと同様に、「平和に対する罪」と「人道に対する罪」が持ち出されたのです。もっとも「人道に対する罪」は独立した訴因としては実際には使用されませんでしたが。

自由・民主主義の絶対性への回帰

私は、第二次大戦全体を、日本も含めたファシズムと、自由・民主主義の間の戦いであったと捉えることには、大いに疑問を感じます。その面があったのは確かだとしても、決してそれだけで割り切れるものではありません。

しかし、ともかくも第二次大戦が終わり、ファシズム対自由・民主主義の戦いと位置づけられたことで、世界を支配する価値は、ここでもう一度、自由や民主主義の絶対性へと回帰してしまったのです。

二十世紀初頭の、そして二つの大戦の戦間期に人々を捉えていたニヒリズムの問題は視界から消し去られました。とにかく自由や民主主義を守ることが文明の使命である、という考え方へ回帰してしまったのです。

しかも、次に続いたのが冷戦です。

冷戦の意味もあらためて検討する必要のあることですが、これも、アメリカの解釈が支配的になりました。それは、冷戦とは、ソ連という全体主義国家に対して、西側が自由や民主主義を掲げて戦った戦争である、という解釈です。スターリニズムに代表される全体主義の脅威から、自由・民主主義を防衛することがアメリカにとっての冷戦の意味だったのです。

第二次大戦と冷戦、二つの解釈に共通するのは、十九世紀と同じ徹底した「進歩主義」です。歴史は自由や民主主義に向かって進歩し、人間を圧政から解放していく。そこに歴史の意味がある。そしてその先頭に立つのはアメリカである、という解釈です。

再び隠蔽されたニヒリズム

私には、この歴史解釈は、まったくの間違いではないにしても、極めて一面的で、アメリカにだけ都合のよい了解に思われます。また仮にアメリカに妥協してこの歴史解釈を取ったとしても、一九九〇年にソ連が崩壊した時点で、その話は終わってしまったはずです。

そして、確かにフランシス・フクヤマが言うところの「歴史の終わり」は、そのことを表明したものでした。しかもフクヤマは、この「歴史の終わり」を論じた書物の題名を『歴史の終わりと最後の人間』と題しています（邦題は『歴史の終わり』）。「最後の人間」、ラスト・マンとは、ニーチェから取られた言葉です。

冷戦が終わり、自由・民主主義・市場経済の敵が消え去った時代は、もはや理想へ向かって進歩するという歴史が終わった時代です。しかし、それは同時にニーチェのニヒリズムへ向かう時代であることを、彼は書名をもって暗示したわけです。

では第二次大戦と冷戦における自由と民主主義の勝利はいったい何をもたらしたのでしょうか。

ここで世界は再び、二十世紀初めの状態に戻ると言って過言ではありません。

富を実現し、人々の欲望を解放することが、社会の規律を衰弱させる。秩序を維持しようという人間の意志を麻痺させてゆく。市民社会の道徳や正義に確かな根拠を与えられなくなる。人々から本当の意味での使命感、いきいきとした生の意識を奪っていく。

すなわちニヒリズムの問題への回帰です。「全体主義と自由・民主主義の戦い」という了解によって隠されていた二十世紀の基本的な課題が、再びわれわれの前に現れたと言ってよいでしょう。

ところが、なぜか、九〇年代の世界には、そのことに対する自覚がほとんどなかった。自覚するどころか、かつてないほどに自由や民主主義や市場経済を礼賛し、謳歌し、世界をそれで埋め尽くそうとする強力な運動が生じます。いわゆるグローバリズムです。

グローバリズムとは、単に市場経済だけの話ではありません。世界中を民主化する、世界中に個人の自由や人権の観念を植えつけ、グローバルな市民社会を実現していく、というユーフォリア（多幸症）です。これら近代主義的な価値で地球を一体化するという運動です。そしてこの運動の中心にいたのはアメリカでした。

野蛮なテロリスト対文明社会の戦い

二〇〇一年の九・一一テロ以降のアメリカの動きも、その延長上にありました。九・一一テロが起きた直後から、ブッシュ大統領は、これはテロという「野蛮」による「文明」への攻撃であると言い続けました。

この場合の文明とは、自由や民主主義や法的秩序や人権を価値に掲げる先進国の市民社会です。文明社会たる先進国は一致団結して、狼藉者《ろうぜきもの》や野蛮と戦わなければならない、というわけです。そして「テロ支援国家」なるものを名指して「ならず者国家」と呼びました。

自由や民主主義を守るために、第二次大戦ではファシズムと戦い、冷戦では全体主義と戦い、二十一世紀に入った今回はイスラムのテロリストと戦う。

実際のところ、ここにはイスラム文明とキリスト教的西洋文明の対決という「文明の衝突」的な意味もかなりあるのですが、少なくとも表面上は、非合法なテロリストから文明社会を守ろうということになりました。

イラク戦争も、やはり基本的な名目は、独裁者フセインは、自由や民主主義や市場経済に対する脅威である、ということでした。イラク攻撃にはいくつかの名目が掲げられたのですが、大量破壊兵器が見当たらず、アル・カーイダとの関係が明らかにならず、結局、イラクの自由化、民主化だけがこの攻撃を支える名分になったのです。

若者はなぜすべてをなげうったのか

こうして、アメリカは一貫して、自由・民主主義・人権・市場競争などの普遍性を主張し、その世界化を唱えてきました。少なくとも、二十世紀のアメリカの戦争は、この種の理念と結びついて行われてきました。

むろん、その背後にアメリカの「国益」があることは事実ですが、アメリカの場合、その

「国益」も、自由・民主主義などの「理念」と不可分なのです。

しかし、対テロ戦争を、「文明」と「野蛮」の対立、「文明」を守る戦い、と単純化してしまっていいのか。私には、このような理解により、現代文明の最も本質的な問題が、かえって覆い隠されてしまうように思えるのです。

犠牲者が気の毒であることは前提にした上であえて言えば、九・一一テロが起きたときに多くの人が感じたのは、いささか背筋が寒くなるような驚異であり、同時に感嘆でした。感嘆と言っても、むろん称賛という意味ではありません。よくあれだけのことができたなという驚嘆です。あのテロリストの若者はどのような心理で、あれだけのことを実行したのか、という驚きです。彼らがいったい何に殉じたのかと考えたとき、どうしても、その背後にあるイスラムという信仰にいきあたらざるをえません。

飛行機でビルに突っ込んだ若者もビンラディンも、イスラム社会のエリートです。ビンラディンは一族全体が大富豪でした。大変な金持ちで、西洋の教育を受け、西洋の価値観を知っている。自国に帰れば、高級車を乗り回して、一生楽して暮らせる。

西洋的な価値観の恩恵に浴している者たちが、自らそれらを全部投げ捨て、自由や民主主義を正面から攻撃する。市民的道徳などというものを一気に破壊し、生命尊重主義に対しては、自爆テロというまったく逆の価値観をぶつける。それはわれわれにとってだけでなく、アメリカ人にとっても非常に大きな衝撃だったと思います。
とんでもない蛮行であることは、彼ら自身、百も承知の上で、あれだけのことをやった。なぜあれだけのことができたのか。なぜあれだけの精神力を持てたのか。その背後にあるものはイスラムへの信仰だと言いましたが、これは言い換えると、西洋近代社会が生み出した価値観に対する強烈な批判です。

西洋近代的価値への激しい攻撃

現実政治とは少し違ってあくまで思想的な観点からすれば、九・一一テロの最大の意味は、西洋近代が掲げた理念や理想の普遍性が激しい攻撃を受けたことにあります。アメリカの独立宣言には「自由」「平等」「幸福の追求」こそが普遍的な権利だと書かれていますが、この「文明」の理念が攻撃された。実際、九・一一テロ以降、アメリカが掲げる自由や民主主義の普遍性は危うくなる一方です。このことは、特にイラク攻撃によって露呈されました。

イラク攻撃の経緯については最近になって多くの舞台裏が明かされるようになりました。どうも、最初から最後まで変な話ばかり、恐るべきお粗末さです。

まず九・一一のテロが起きた時点で、アメリカ政府は、これをうまく利用して次のターゲットとしてフセインをつぶすことを決めている。後はどうやってフセインを倒す口実を見つけるかという、口実探しです。ラムズフェルドらの「ネオコン」グループは、当初からターゲットをフセインに絞っていたのです。

ところが、そこでCIAとラムズフェルドの間に強い確執が生まれ、一種の権力争いが起きます。アフガニスタン攻撃まではかまわない。けれど、イラクに関しては一切証拠が挙がらないから攻撃は無理である。これがCIAの報告でした。パウエルやライスらの国務省の側も、ラムズフェルドには不信感を持っていた。

ところがラムズフェルドは、最初からとにかくフセイン排除を決めているので、何が何でも証拠を挙げろ、証拠が挙がらなければ証拠をつくってこいと命じる。そこで最終的に出てきたのが、捕虜の証言です。捕虜を拷問して、大量破壊兵器を持っていると証言させ、それを受けて、パウエル国務長官が国連で証言し、アメリカのイラク攻撃の正当性を訴えるわけです。

周知のようにパウエルは、政権を去ったのちに、あれは私の人生の中で最大の恥であったと述懐します。あの証言は完全に間違っていたのです。

このようなことが、後になってから明らかになってきました。そして、ついには、イラク戦争が失敗であったことを、ブッシュ大統領自ら認めざるをえなくなってしまうのです。

イラク攻撃が無謀であろうということは、別に大量破壊兵器云々と言わずとも十分に予想されたことでした。イラクの民主化などとても容易に進展しないことも、誰もが予想できたことでした。

またもし仮に、万が一イラクが民主化を果たしたとしても、民主的な選挙の結果、スンニ派による反米政権が成立することは、まず間違いのないことです。民主的政権のもとでイスラム主義の勢力が拡張し、同じスンニ派のイランと連携して反米政策をとれば、アメリカはいったいどうするのでしょうか。

ついにニヒリズムに直面するアメリカ

ここで、今度こそ本格的にニヒリズム的な状況が到来します。

テロが起きたときにアメリカは、建国の理念であり理想である自由や民主主義を守るために戦わなければならないと言って、国民の八割九割がブッシュを支持しました。

しかしその結果、イラク戦争は泥沼に陥り、普遍的なはずの価値はどうもアラブには根づかないことが明らかになってきた。

イスラム的なものと西洋近代的なものの間に矛盾、対立が生じることは、どうしても避けられません。

イスラム社会は宗教国家なので、神に絶対的に帰依《きえ》することが、最高の価値です。個人の行動の正しさや社会秩序の原理も戒律に由来します。これは西洋の、個人から出発する自由や自然権としての平等などとは根本的に異なります。このように非常に強い価値観を持ったイスラム国家に対して、自由や民主主義や市場経済を唱えてもうまくいくはずがありません。

イスラム社会は自分たちとは全然違う価値観を持っているという当然の事実に直面したとき、自由や民主主義の普遍性という前提は大きく揺らぎます。普遍的なはずの価値も結局は、西欧文化のコンテキストの中でしか適切には了解できないことに気づかされます。

そう考えると、九・一一テロからイラク戦争への流れの中で、最も大きなダメージを受けたのは、イスラム社会というよりは、アメリカの近代的価値観だったと言えるかもしれません。

二十世紀の初頭、ヨーロッパの内部では、西洋近代社会への懐疑や、近代的価値への批判が生じました。そして二十一世紀の今、同じ問題が、アメリカとイスラムを舞台にして、まったく形を変えて、あらためて出現したと言えるのです。

ヨーロッパ社会のしたたかな知恵

ついでに脱線気味に言っておくと、ヨーロッパはその点ではなかなかしたたかです。もともと近代的価値観を生み出したのはヨーロッパの啓蒙思想ですが、ヨーロッパは全面的にはそれを信じていないところがある。

それももっともで、啓蒙主義や近代主義が出てきて以来、ヨーロッパでは、それに対する批判や懐疑が絶え間なく提起されてきているからです。

実際、ヨーロッパ人は、口では自由や民主主義が大事とは言いながらも、人間が本当に自由や民主主義を実現したら、世の中が大変な混乱に陥ると思っているふしがあります。やはり人間は歴史や伝統の縛りの中で生きているという観念が強い。いわゆる保守的な知恵と称されるものです。

ヨーロッパ社会には、古代ギリシャの文学や哲学、ローマ帝国、中東で生じたユダヤ・キリスト教、中世の自治都市、王権の下で繁栄したウィーンのような帝国都市、そういったものがすべて流れ込み、厚い歴史の層をなしています。

ヨーロッパのどの由緒ある都市を見てもすぐに目につくのは、都市の基本的構造がすべて同じだということです。町の中心部に市場や広場があり、それをはさんで教会と市庁舎がありまず。場合によれば王宮があります。こうして現代に至るまで、彼らは、歴史的記憶と遺産の上に暮らしています。

それらをすべて切り捨てて、普遍的価値としての自由を実現すべきだなどということを、ヨーロッパ人は心では信じていません。人権や平等や民主主義が普遍的価値であるということすら本気で信じているかどうか、私はかなり怪しいと思います。

本心を言えば、仮に、自由や民主主義がりっぱな価値だとしても、それを本当に理解できるのはヨーロッパの知識層ぐらいであって、アラブやそのほかの多くの非西洋社会ではほとんど通用しないと思っているのではないでしょうか。

自由にせよ、民主主義にせよ、平等にせよ、もともとギリシャのポリスに由来した価値です。だから、ギリシャやローマの歴史を知らずして、自由や民主主義の本当の意味がわかるはずがない。それはヨーロッパの知識人やエリートが高度な教育の中で継承してきたものだ、という意識です。

イスラム教徒にはイスラム教徒の価値があり、中国には中国の価値がある。西洋と同じ意味で自由や民主主義を実現することなど、とても不可能なのです。

だから、フセインがとんでもない独裁者であることはよくわかっていても、わざわざ戦争をしかけて、それをつぶすほどのこともない。イラクはあのままにしておいて、自分たちにあまり害がない程度に脅しをかけておけばよい、というぐらいのスタンスだったのではないでしょうか。イラク攻撃に対する、アメリカとの態度の違いにも、ヨーロッパのこのような姿勢がよく表れていたと思います。

彼らが北朝鮮問題にまったく無関心なのも、むろん地理的に遠いこともありますが、基本的には同じ理由からです。アメリカも本当のところはあまり関心がないようですが、それでも、人権や民主主義の普遍性などとお題目を唱えている以上、多少は対処せざるをえない。これに対して、ヨーロッパには、わざわざ害を招き寄せてまで普遍的な理想を実現しようなどという気は、さらさらない。

そこで問題は日本です。アメリカに賛成するなら賛成でかまわない。日米同盟が大事だからという理由でもいい。しかし、ヨーロッパという、アメリカとは別の登場人物があることも忘れてはなりません。それだけで問題はかなり相対化されてきます。イラク攻撃をめぐり、フランスやドイツがアメリカに反対したことの意味を、われわれはちゃんと知っておくべきだと思うのです。

生命至上主義も自爆テロもニヒリズムの表れ

再びニヒリズムに話を戻しましょう。

二十一世紀の始まりに、九・一一テロが突きつけた課題は、西洋がこれまで追いかけてきた近代社会の価値が、力を失っているのではないか、あるいは空洞化してしまっているのではないかということでした。確かな価値の喪失というニヒリズムです。

しかしテロも、考えてみれば究極のニヒリズムと言えるのかもしれません。

ニーチェは、近代人は、本当に高い価値、もしくは高貴な価値を見失ってしまったと言います。言い換えれば、近代人は、いわば命を懸けるほどのものを持ちえない。

さらに言えば、近代人にとっては、自分の生命だけが最も大事なものになってしまいました。ただ生きること、生きながらえること、要するに、生命至上主義こそが近代人の原理になったのです。

確かに、近代国家とは、人々の生命と財産の安全を確保することを第一義的に掲げる国家です。自由や平等も、人々の生命、財産の保護と強く結びついています。

しかしそうすると、ともかくも「生きる」ことが至上の価値となる。これは一つのニヒリズムです。

たとえば戦争状態のように絶えず生命が脅かされ、いつ死ぬかわからない状態にあれば、「ただ生きる」ことにも決定的な価値が出てきます。しかし、近代市民社会はそれなりのルールや秩序をもって、一定の平和を達成しています。だとしたら、「ただ生きる」ことを至上の価値とすることに、あまり意味はない。

したがって、平和な時代にあって「生命至上主義」を唱えることは、「命を懸ける」価値を排除するという意味で、ニーチェの言うニヒリズムそのものに陥ってしまうのです。

アル・カーイダが打撃を与えたのは、この「生命至上主義」に対してでした。九・一一の世界貿易センタービルへの攻撃は、まず、世界が決して平和ではないことを知らしめ、ともかくも、彼らが「命を懸ける」価値を掲げていることを示したのです。

うがった言い方をすれば、イスラム主義の過激派も、本当の意味で神を信じているのかどうか、それはよくわかりません。信じている振りをしているだけかもしれません。

生と死とをほとんど等価にしてしまうような虚無感、空白感を埋めるために、神の名を借りて、あのような行動に出たのではないかとも思います。人間が価値の喪失に耐えられなくなったとき、実は、神という絶対的な存在を持ってくると、問題は一挙に解決します。神の名のもとに、ありとあらゆることが許されるからです。

そうだとすれば、九・一一テロの根底にあったものも、やはり一つのニヒリズムなのです。能動的ニヒリズムというより、あまりに性急な独善的ニヒリズムと言うべきかもしれませんが。

なぜアメリカでキリスト教が復興しているのか

ついでに言いますと、八〇年代の後半ぐらいから、アメリカでもキリスト教の原理主義が強い勢いをもって復興しています。二〇〇五年にブッシュ大統領を再選させたのは、福音主義、あるいはキリスト教右派だと言われています。

内面の信仰の強さまではよくわかりませんが、表面的に見ると、アメリカは一種の宗教国家です。アンケート調査などで神を信じていると答える人の割合は九割にも及び、週に一回以上教会に行く人は五割ぐらいと言われています。むろんその中心はキリスト教です。イギリス、フランスでは教会に行く人の割合は一割ぐらいですから、アメリカのほうがはるかに宗教的です。だから、アメリカとイスラム主義の対立は、どこか宗教戦争を連想させてしまうのです。日本でも、年に一回ぐらいお寺に行く人は九割ぐらいいるでしょうが、アメリカ人が教会に行くのと日本人がお寺に行くのとは、やはり意味合いが違います。アメリカはやはり非常に宗教心が強い。しかも九〇年代以降、その傾向はさらに強くなってきています。

見方を変えれば、これは人々の抱える精神的空洞がますます大きくなってきていることを示しているのでしょう。アメリカ人は物質的な富も手に入れたし、表現の自由も実現しました。所得格差はありますが、機会に関して言えばかなり平等になっている。

そのような社会で何か生きがいを求めようとしたら、宗教活動やボランティア活動に頼るしかない。特に自由によって社会的な規律が崩壊しているので、規律を求めて宗教に向かうのはごく自然な流れです。ニヒリズムの最大の特徴は道徳の崩壊ですから、アメリカにおける宗教の復興は、アメリカがいかにニヒリズム状況に陥っているかの表れなのです。

二十世紀初頭によく似た時代状況

さてそうすると、われわれは、思想的に見ると、二十世紀初頭の状態に戻ってきてしまった。これは困ったことです。しかも、現在の時代状況が一九二〇年代、三〇年代にかなり近いことを示す状況証拠もいくつかあります。

たとえば第二次大戦が終わったのは一九四五年で、今年（二〇〇八年）は六一三年目です。日本の近代化の出発点とされる明治維新は一八六八年。そこから勘定して六十三年目は一九三一年で満州事変の年です。

満州事変の前後を振り返ると、その一、二年前から世界大不況が起きています。今もまさに、世界的に大変な経済苦境の時代です。サブプライムローンに端を発する金融危機が生じ、不況が世界を覆っています。三十年代には世界的大不況を引き金にして、世界はますますむき出しの力の競争の時代に入っていきます。帝国主義の最後の段階です。むろん、近いうちに新たな満州事変が起きるなどと言うつもりはありません。しかし当時も、中国をめぐってヨーロッパ列強、ソ連、アメリカがしのぎを削り、日本も遅れてはならじと満州に資源を求めていったわけで、現在とよく似ています。

また旧制高校や知識人の間では、ニヒリズムやデカダンスが大流行しました。ニヒリズムの時代であることは、当時もとても強く意識されていたのです。

ついでに言うと、明治維新から五十五年目に関東大震災が起きています。戦後で言えば、五十年目に阪神・淡路大震災が起きました。自然災害によるものも含めて、ある種の不安感、不安定感が漂う時代状況なのです。

もう少しアナロジーを続けてみましょう。まず現代を振り返ると、一九四五年から四十五年目の一九九〇年に社会主義が崩壊します。この時期は、日本にとって国力の転換期でした。日本の国力は、戦後の奇跡的な回復を経て六〇年代の高度成長期にピークを迎えます。七〇年代の多少の混乱を経て八〇年代にまた復活。それが九〇年代ぐらいを境にして再び混乱期に入ります。

明治時代を見ると、一八六八年から四十三年目に第一次大戦が起きます。この頃までは日本の国力は上り調子でした。それが第一次大戦で、火事場泥棒のように戦勝国になり、自分たちが一等国になったと思い始めます。このあたりから、日本の国の方針が定まらなくなります。軍部が台頭してくるのもこの時期です。

と同時に、世界的に言えば、第一次大戦後、ナチスの台頭までの十数年は、一種のグローバルな平和の時代でした。ドイツではワイマール民主主義が成立し、アメリカの経済は好調で、束の間の楽観的な時代でもありました。日本でも大正デモクラシーの時代を迎えます。

これはただの思いつきのようなアナロジーで、それ以上の意味はありません。むろん、今後、世界戦争が起きるなどと言うつもりはまったくありません。

しかし状況として、現代は二十世紀の初めにかなり近づいている。ひとことで言えば、世界全体が確かな価値原理を見失い、深くニヒリズムに覆われているという厄介な時代なのです。

京都学派「世界史の哲学」の時代的意義

ではわれわれはいったい何をすればいいのか。過去から何を教訓に引き出せばいいのか。このような問題に対して、もちろん正解はありません。私自身にも、こんな大きな問題に対して解答を出せるだけの力はありません。

ただ、当時の知識人がいかなることを考えようとしたのかは、多少の参考になるはずです。問題を正面から受け止めて、日本の立場というものを思想的につくり上げようとした人たちがいた。それが京都学派の哲学者たちです。

京都学派は、戦後は戦争協力者、大東亜共栄圏イデオロギーの立役者として弾劾《だんがい》され、多くの哲学者が公職追放されました。

ところが彼らは、戦前はむしろ自由主義者と見なされ、右翼や陸軍からの攻撃に遭っていました。当時の文部省では、西田哲学を糾弾する研究会なども開かれています。

このように、京都学派とは、ある意味で非常に複雑な存在ですし、言うまでもないことですが、西田幾多郎やその周辺にいた人たちがすべて同じ考えであったわけでもありません。また彼らが本当のところ何を意図したのか、もう一つよくわからないところもあります。

しかし彼らの試みそのものの時代的な意義は、かなりはっきりしていると言ってよいでしょう。

十九世紀の世界を主導したヨーロッパ、特にイギリスの自由主義や「文明」という価値が、二十世紀初頭、どうにも通用しなくなってきました。ヨーロッパ内部で多様な国家の間の均衡が保たれている間はよかったのですが、やがてヨーロッパ諸国は「世界」へ進出してきます。このとき自由主義は帝国主義に転じ、勢力の均衡は覇権競争に変わっていきました。

この、西欧諸国がアジアを植民地化していく近代の世界史を、京都学派の学者たちは、むき出しの力による帝国主義の時代と理解しました。そのような時代に、日本はいったい何をすればいいのか。日本はどのような価値観を掲げてこの世界史に参入すればいいのか。彼らはそれを哲学の課題として、正面から問いました。それが「世界史の哲学」といわれるものです。

力による支配から道と義による支配へ

詳細は省きますが、京都学派の「世界史の哲学」には二つの論点があります。

彼らによると、西洋の原理は力による覇権主義である。西洋はもっぱら「利」を求めて「力」に頼り、アジアに進出した。西洋近代主義は、一方で、自由や平等を唱えながら、実際には、「力」でアジアを植民地化しようとし、結局、力による覇権に落ち着いてしまった。

私なりに言い換えれば、西洋文明はニヒリズムに陥ったあげくに、むき出しの「力への意志」を行使するようになったということです。

だが、ヨーロッパがアジアに進出することで初めて文字通りの「世界史」が始まる。なぜなら、これまでの歴史は、あくまでヨーロッパの中での抗争であり、近代化であり、進歩であった。しかし、いまやヨーロッパの原理は、アジアの原理や思想と対決を強いられている。ここで初めて両者の歴史が重なったわけです。

そして京都学派は、アジアの立場を最も自覚をもって主導できるのは、日本にほかならない、と主張しました。

では日本が主導するアジアの原理とは何か。それは、力で対抗し、覇権を目指すのではなく、道義を掲げることである。日本には日本の道義という考え方が存在する。西洋の「力」による覇権を牽制《けんせい》し、この混沌とした世界状況を食い止めるには、道義によるしかない。ゆえに日本は、これからの世界史において、決定的に重要な役割を果たさねばならない。

おおよそこうした考え方が、彼らの思想の一つの柱になっています。

ただ、残念なことに、彼らの言う道義とは何かがよくわからない。確かに東洋には、支配者は覇道で治めるのではなく、道によって治めるべきだとする王道の考え方があります。人の上に立つ者は道を説かなければならない。そのためには自分自身が君子でなければならない。そのような考え方は中国の哲学にも日本にもある。

しかし、その具体的な内容ははっきりしません。また、日本はともかく、当時のアジアにヨーロッパに対抗できる思想や価値があるかというと、これも怪しい。東洋とかアジアと言いながら、彼らがどこまで本気でアジア全体を念頭においていたのかも疑問です。

しかしそれでも、他国を植民地化するとしても、力ではなく、道や義によるべきであることを、彼らが一つの哲学として世界に訴えようとしたのは、あらためて考える価値のあることではないでしょうか。宗主国たるものは、倫理、規範を示し、それをもって自らも縛らなければならない。

もっとも当時の日本にその資格があったかというと、多くの疑問符がつくところではあったわけです。

日本文化の核心にある「無」

京都哲学にはもう一つ論点があります。

ヨーロッパはニヒリズムに陥ってしまった。ニヒリズムとはすべてのものが無意味と化す状態です。言い換えれば、これまで正しいと思われてきた物事の「根拠」がなくなって「無根拠」になってしまうことです。

一九三一年に数学者のゲーデルが、科学であれ、いかなる合理的な言説の体系であれ、自ら自身を基礎づけることはできない、ということを論理学的に証明しました。いわゆるゲーデルの「不可能性の定理」と呼ばれるものです。

この定理の意味するところは、いかなる学問体系であれ、科学であれ、それが真理であるという確かな理由は存在しない、ということです。最も合理的で正しいと思われた科学も実は「無根拠」だったわけです。

ゴシック様式の高い建築物が象徴的ですが、一つ一つ石を積み上げるように、物事をロジックによって上へ上へと組み立てていくのが、ヨーロッパの基本的な考え方です。ところが、ゲーデルは、どんなに石を積み上げても、一番底が空洞であることを示してしまった。土台はどこにもなかった。

ヨーロッパの場合、学問にせよ、建築にせよ、まさに石で造られた寺院のように、上に伸びるように構築していくだけに、この「無根拠性」は非常に大きな打撃です。ニヒリズムはこうしてすべてを壊していったのです。

これに対して西田幾多郎が言ったのは、東洋では無意味であることが最初から前提になっているということです。言ってみれば「無根拠」ではなく、「無」が「根拠」となりうる。

東洋には「無」という考え方があり、最初から世の中は無意味であることを知っている。しかも、その「無」は、すべてのものを受け止めている。

特に日本には、世の中に常なるものはなく、すべては無常であるとする価値観が強くある。

壮大な建築物が「無根拠」によって崩れたとしても、時が来ればすべてのものは崩壊していくのは当然だと思っている。権勢を誇った者が滅びるのは当然の理だと思っている。だからニヒリズムに陥ることもなく、「無根拠」によってまったく動じることもないわけです。

さらに言えば、逆に無の中からこそ、いろいろな「意味」が生まれてくる。「色即是空」に対して「空即是色」となるのであって、確かにこの両者は同じことなのです。

「無」と「空」は概念としては異なるものですが、細かい話を省略すれば、すべてが「無」であり「空」であるからこそ、そこからいろいろな意味を紡《つむ》ぎ出すことができる。日本文化の中にある多様性や、ゆらぎをもった美しさや味わい深さは、そうやってつくり出されてきた。

日本文化の核心にはこの「無」というものがある。「無」であるがゆえに、それはすべてを包含しており、天皇という存在も日本文化の中心にある「無」を表しているのです。

このように考えれば、ニヒリズムなどということは、もはや問題にならない。この東洋的思想もしくは日本思想をもってすれば、西洋思想が陥った袋小路を脱することが可能となるのではないだろうか。

これが西田を中心とする京都学派の、もう一つの柱となる論点だと、言ってよいでしょう。

しかし残念ながら、これは世界には通用しませんでした。世界どころか、日本の中でも通用しなかった。

当時の日本人に、京都学派の試みを本当に理解していた人がどれだけいたのか。まして、大東亜共栄圏のイデオロギーとして利用しようとした軍部に、深い理解があったとは思えません。西田幾多郎は、あるとき、海軍に呼ばれて講演をして帰ってきて、「彼らはまったく何もわかってくれない」と言っていたようです。

結局、京都学派の考え方は、そのイデオロギー的な部分だけが利用されてしまったということでしょう。いや、イデオロギーとしてもそれほど強い威力を持ったとも思われません。せいぜい、西洋諸国に対抗するためには、東洋的な価値観を打ち立てなければならない。そのためには大東亜共栄圏が必要である。このような非常に短絡的な戦争イデオロギーに引きずられてしまったということでしょう。

しかし京都学派の哲学者たちの試みは、決して単なる戦争イデオロギーには解消できない。否定し去ってすむものではありません。

ぎりぎりの思想的試み

それは、西洋の価値を追いかけつつ近代化を追求し、西洋中心の帝国主義的世界秩序に投げ込まれていく当時の日本における、ぎりぎりの思想的な試みでした。仮にその試みがあまりに稚拙《ちせつ》で独断的であったとしても、他にこのような試行がなかったことも事実です。

西洋の価値観は、ニヒリズムによってもはや限界まで来ている。その問題をわれわれ日本人はどうやって引き受けることができるのか。この世界的状況の中に、日本はどのようなかたちで参入すればいいのか。京都学派の哲学者たちが、少なくともその問題に正面から挑んだことだけは間違いないところなのです。

日本的価値観を掲げる以外に道はない

彼らの問いをどのようなかたちで引き継ぐことができるのか。それが、今のわれわれにとって極めて重要な課題だと思います。

状況的に世界大戦が起こるとは思いません。しかし、これから、かつて百年少し前に起きたのと似た様々な混乱、軋轢《あつれき》が生まれてくることは確実です。ロシア、中国、それからアメリカを中心とした激しい資源の争奪戦。食料の争奪戦も起きるでしょう。今すでに、むき出しの力の対決は始まっています。その意味では、すでに目に見えない戦争の時代に入っているのかもしれません。

しかし日本が同じようにむき出しの力の争奪戦に入っても、勝てるわけがない。だとすれば、やはり日本的な価値観を掲げる以外にないのではないでしょうか。

その価値観のベースになるのは、道義であり、京都学派的な言い方をすれば、「無」や「空」といった日本的精神だろうと思います。

自由を極端に主張しない。自然権としての平等や人権ということも声高には主張しない。欲望の気ままな解放も主張しないし、競争というものも節度を持った枠内でしか認めない。これが本来の日本的精神です。

調和を求め、節度を求め、自己を抑制することを知り、他人に配慮する。これを、今の世の中で実践するのは非常に難しいことです。

しかし、これら日本的な精神に基づいた価値観を打ち出していく以外に、われわれの取るべき道はありません。それは間違いない。

麻生さんや安倍さんなど、「価値観外交」を掲げる政治家もいます。その価値観の中に、自由や民主主義だけでなく、今言ったような、日本的な精神に基づく価値観を織り交ぜる必要がある。それをうまく打ち出せないと、日本の先行きは苦しいでしょう。

残念なことに、戦後の日本人はそういったことをほとんど考えてきませんでした。冒頭でも述べたように、戦後長い間、知識人の圧倒的主流はいわゆる左翼系でした。特に思想の領域においては、丸山眞男の影響力があまりに強くて、このような問題設定すらできなかった。

しかし日本も、さすがにここまでニヒリズムに侵されてくると、何か基本的なところが間違っているのではないか、と自覚せざるをえません。

小手先で変えていくだけではどうにもならない。社会保険庁の改革も必要だし、行政改革も必要だし、規制緩和もある程度は必要でしょう。しかし、そんなことではもう話がすまない。もっと根本的に、精神の中にあるものを掘り出して、われわれにとって重要な価値観をもう一度見つけてくる。それでもってニヒリズムを克服することを考えないと、もう社会がもたないということが、かなり明らかになってきているのではないでしょうか。

第四章 漂流する日本的価値

世界金融危機の根本原因は過剰資本

二〇〇八年に入ってから、世界経済は大きな混乱に陥っています。食糧や資源の価格高騰が生じ、特に石油価格高騰の問題は一時はかなり深刻になりました。それが引き金になって、先進国ではインフレが生じてきました。しかし、同時に景気はよくないので、実際には、インフレというよりスタグフレーションの感が強くなっています。さらにリーマン・ブラザーズに始まって、アメリカの大手金融関連企業が続々と経営破綻したり買収され、株式市場も大混乱に陥りました。実際、ほとんど世界的な金融恐慌の一歩手前という状況にまで至ったのです。

この大きな混乱の背後には、金融投機という事態があり、それが世界経済を大きく揺さぶっています。

直接の引き金になったのは二〇〇七年から二〇〇八年にかけて生じたサブプライムローンの問題です。サブプライムローンは、「サブ・プライム」という言葉からもわかるように、あまり優良（プライム）ではない（サブ）、住宅購入資金の貸付で、多くの場合は、低所得層向けの住宅ローンです。

二〇〇一年の就任以来、ブッシュ大統領は、住宅取得政策を経済政策の一つの柱にしてきました。おそらくは、共和党のブッシュ政権への支持が弱い、有色人種系や、低所得者の支持をとりつけようとしたのでしょう。

これらのリスクの高い住宅ローンは、住宅価格が上昇している間はよいのですが、住宅価格が下がりだすと、一気に不良債権化します。

しかも、サブプライムローンの場合には、このローンが証券化されて金融商品として世界中に売り出されていました。ローンを証券化して、様々なタイプのローンを組み合わせるのは、本来はリスク分散の一つの手法です。しかも、それが国際分散投資と称されて、世界中の投資家の投資対象になっていました。

住宅価格が上がり続ければよかったのですが、所詮、そんなことはありえません。住宅バブルが崩壊するとともに、世界中に不良債権がばらまかれることになりました。

これは明らかにブッシュ大統領の経済政策の失敗です。しかし、今日の投資は、あくまで自己責任ですから、政府ばかりを責めても仕方ありません。現代経済の、より構造的な問題として捉えるべきです。

ではここにある根本的な問題は何でしょうか。

それは、市場に過剰な資本が流れ込み、あちこちでバブルを引き起こしては、また別のところに移動してしまうという、今日のグローバル金融市場の極めて不安定な構造にあります。不動産市場、株式市場、そして、食糧や資源の商品先物市場で、これだけのバブルやミニバブルが生じたのは、明らかに、グローバルな金融市場へ過剰資本が流入していることの表れです。

しかも、すでにバブルが発生しているにもかかわらず、このような問題が起きると、不良債権処理のために、さらにお金がつぎ込まれます。

問題の本質は、過剰資本をいかにコントロールして市場から引き上げるかという点にあるはずなのに、もっと資金を市場に供給しろという話になってしまう。〇八年の十月には、アメリカ政府は、金融市場の安定のために、七〇兆円もの資金を市場に供給して不良債権を買い取り、さらには二五兆円を問題ある金融機関に資本注入しました。しかし、これはその場しのぎになるだけで、事態は一層深刻なかたちで先送りされていくわけです。世界経済は本当に大変な状況になってきました。

アメリカの北部型経済と南部型経済

国際金融市場の過剰資本の問題は、九〇年代あたりから始まったいわゆるグローバリズム、特に金融のグローバル化によって引き起こされました。そこで、グローバル化について、あらためて少しおさらいをしておきましょう。

問題の発端は、八〇年代、レーガン大統領の登場です。当時アメリカでは製造業の生産性が著しく低下します。電子部品、自動車、電器、機械、工作機械などの主要な製造業分野で、日本に負けてしまう。アメリカは非常に危機感を募らせます。

このような状況に陥った原因は、直接には七〇年代後半の、カーター政権時代の民主党の経済政策、さらに言えば、六〇年代民主党政権下での福祉重視の政策にある、とされました。

アメリカの経済に対する考え方は、大雑把《おおざっぱ》に言うと、北部の製造業型の考え方と、南部の独立自営農民型の考え方の二つに分けられます。

民主党の経済政策の基本は、北部の製造業中心の考え方に近いものです。政府は経済に対してある程度緩やかなかたちで介入すべきと考え、労働者の生活向上に配慮し、福祉にも重点をおきます。とりわけ六〇年代の公民権運動を受けて、労働者や黒人の権利の保護を重視します。

マクロ的に見れば、ケインズ政策によって雇用を確保し、福祉政策によって労働者や少数派に配慮する、ということになります。

また北部型では、大企業組織において、賃金をできるだけ上昇させていきます。賃金を上げれば人々は物を買うので需要が増える。需要が増えれば生産性が向上する。だから大量生産が可能となる。その結果、経済が発展する。このような循環を実現しようとする。これが北部の製造業の考え方です。

南部は六〇年代後半あたりから、どちらかと言えば、共和党が強い。共和党の考え方は、自由主義的でかつ個人主義的で能力主義的です。一人一人の人間が独立自営で自分のやりたいことをやり、能力を発揮することが、経済を活性化すると考えます。

これは、南部経済の軸になるのが、大規模な製造業というより、食料や石油などの一次産品が中心だからです。

ここでは、ともかくコストを下げることを優先させる。できるだけ安い賃金で働かせようと考えます。この点は北部型の、賃金を高めることで需要を喚起するという考えとは大きく異なります。もともとの奴隷労働の伝統を引き継いでいるとも言え、いわば搾取労働型の経済なのです。

戦後のアメリカ経済を支えてきたのは、製造業と大企業体制という北部型でした。しかし、七〇年代に入ると、アメリカ製造業の生産性はかなり落ちてくる。そこで、南部型の、もっと自由競争的で個人の力を全面的に引き出せるような経済が理念として見直されるようになりました。このような背景があって、民主党から共和党に政権が移るとき、経済政策の方針が大きく変化したのです。

グローバリズムはアメリカ国内事情の産物

そうは言っても、南部型の低賃金労働は、アメリカ国内ではもはや不可能です。そこでどうなったか。アメリカ企業は、安い労働力を求めて海外に進出します。生産拠点としてアジア諸国に工場を移転すれば、そこでいくらでも安い労働力がある。

しかし、海外進出によって、コストを下げれば下げるほど、国内産業は競争力を失います。その結果、北部の製造業は、産業空洞化によって、いっそう打撃を受けることになりました。

また、アメリカ経済には南北の軸とともに東西の軸があることも忘れてはならないでしょう。

この時期、東部の金融業に関心が集まるのと並行して、西部ではIT革命が始まりました。それまでのアメリカ経済を支えてきた北部型の製造業から、南部型の労働搾取的経済へ、さらには、東部の金融・サーヴィス業へ、西部のヴェンチャーへと、産業構造が移転するわけです。

この、南部型、東部型、西部型に共通するのは何か。それは、極めて自由主義的で、市場中心的だということです。政府の規制を嫌い、大企業組織によるよりも個人主義的な市場競争へ適合性が高い。

政府の規制を徹底して取り払えば、経済はボーダーレスにグローバル化していきます。すなわち、金融革命とIT革命を結びつけて、グローバルなマーケットに資本を流す。アジアの発展途上国には、アメリカ企業が安い労働力を求めて次々と進出する。これが八〇年代、レーガン政権下における、アメリカ経済の転換の姿であり、グローバリズムの始まりでした。

つまり、グローバリズムとは、簡単に言ってしまえば、アメリカの国内事情の産物にすぎません。製造業優位で、政府の経済への介入を認め、ケインズ的雇用拡大と福祉国家を目指す民主党路線か、自由主義的で、短期的に経済を立て直すべく成果を求めていく共和党路線か、このアメリカの内部での政治闘争が世界に拡大し、グローバリズムというモンスターを生み出したのです。

「協議」などではなかった日米構造協議

九〇年代に入ると、政権は父ブッシュからクリントンへと移ります。この時代のアメリカの意図は明白です。

冷戦が終わって、世界に巨大なマーケットができた。ロシアという巨大国家が、紆余曲折《うよきょくせつ》はあるにせよ、資本主義へと体制転換をしたわけです。それだけでも大きな変化なのに、さらに中国が、八〇年代の鄧小平の開放路線の結果、徐々に市場経済に組み込まれてきます。

この巨大マーケットを掌握する者こそ、冷戦後の世界の実権を握ることができる。ならば、当然、アメリカこそがこのマーケットを取らなければならない。これがアメリカ政府の考えでした。

では、どうすれば世界に広がるマーケットを支配できるか。アメリカが最も競争優位にある産業に世界を巻き込めばいい。それが金融とITだったわけです。

九〇年代に、アメリカは、ＩＴと金融を結びつけ、グローバルな金融ＩＴ市場というものをつくり出しました。「ワシントン・ウォールストリート・シリコンヴァレー・コネクション」と呼ばれたものです。

ここには、政府の意志が強烈に働いていました。アメリカ政府は、クリントンが中心となって、様々な名目をつくり、世界各国に市場への参加を強く要求します。たとえば日本に対しては構造改革、ＩＭＦは構造調整という言い方をしていました。いわゆる「ワシントン・コンセンサス」です。規制緩和、財政改革、市場開放、金融自由化などの市場化政策が、次々と各国に要請されました。

日本で構造改革がクローズアップされたのは、八九年に始まった日米構造協議以降でした。八〇年代に入ると、日本とアメリカの間では、貿易摩擦が生じます。八五年のプラザ合意以降、日米は政策協調路線を取りますが、アメリカの貿易赤字は拡大する一方で、不均衡は改善されない。そこで父ブッシュの提案で始まったのが日米構造協議でした。

日米構造協議は、英語で言うとStructural Impediments Initiative、略してＳＩＩです。Structural は構造的、Impediments は障壁、Initiative はイニシアティブです。

まずアメリカ政府がイニシアティブを取り、日本政府に要請する。今度は日本政府がイニシアティブを取って、民間の経済構造を変えていく。そのような段階的なイニシアティブの下で、日本の経済構造を変えるというプログラムです。

しかし、日本ではこれを日米構造協議と訳しました。協議と言うと、両者が対等に話し合って、お互いの悪いところを直すようなニュアンスですが、実際はまったくそうではない。アメリカの意志は、イニシアティブという言葉に明確に表れています。アメリカ政府が監督して、日本の経済の間違ったところを正していくのがＳＩＩです。

しかも、アメリカ政府は、九四年から、日本経済の構造を是正するための要求を日本政府に提出しています。「年次改革要望書」と呼ばれるもので、あたかも、アメリカ政府が、日本の構造改革を主導できることを前提としているかのようなペーパーです。しかも、その要望が実現されているかどうかを、アメリカ政府は毎年議会に報告しているのです。

この「年次改革要望書」が、実際にどれほどの効果を持っているかは必ずしもよくわかりません。しかし、少なくとも、このようなものが出てきたことは、その発端になった「構造協議」がとても「協議」と呼べるような代物ではなく、あくまでアメリカ主導で行われたものであることを、端的に示しています。

こうして「構造改革」路線に入った日本は、これにより、完全にアメリカのグローバリズムのペースに巻き込まれていきました。

市場化が抑制されてきた、資本・労働・資源

それでは、構造改革とはいったい何だったのでしょうか。それは何をもたらしたのでしょうか。

簡単に言ってしまえば、構造改革とは、それまで十分に市場化されてこなかった生産要素をすべて市場化してしまう試みであったと私は考えています。

経済活動の基本は、モノの生産です。生産をするには、いわゆる生産要素が必要です。本源的な生産要素とは、普通、経済学では、資本、労働、自然資源の三つを言います。お金と労働と自然資源を結びつけることで、生産活動は可能になる。

この場合、生産されたモノは、商品として市場で販売される。しかし、生産要素自体は、無条件に市場化されていくわけではありません。生産要素という、生産のための道具が、市場条件によって、その価格や供給を変動してしまうと、生産のシステムが不安定になり、経済活動にとって支障が出てくるからです。

だから、資本と労働と自然資源は、原則的には、十分には市場化されてはおらず、政府や法や慣習によって、管理されたり、調整されたりしているのです。

たとえば、お金は、政府と中央銀行が管理します。労働は、何時間以上は働いてはならないとか、最低賃金とか、労働条件など、労働組合や法的な規制によって管理されます。

自然資源にしても、資源がいきなり枯渇してしまったり、たとえば、地価が急激に変化したりすると困るので、政府によってある程度は戦略的に管理されています。

労働者が生活するための、食糧という、「労働者を生産する生産要素」も、あまりに、急激な価格変化や供給変化を避けるために、ある程度、価格や生産量、あるいは輸入量が管理されています。

こうやって、生産要素がある程度管理されて初めて、商品を安定的に供給できる生産体系ができあがります。これが経済の基本的なあり方なのです。

世界中が投機経済に呑み込まれた

ところが、八〇年代のアメリカでは、製造業の生産性が低迷し、十分な利潤を上げることができなくなってしまった。そこでアメリカは、生産要素に対する規制を全部取り払い、それまで十分に市場化されてこなかった生産要素を、すべて商品化してしまう方向に舵を切りました。そして、九〇年代の日本がそれを真似た。

資本、すなわちお金について言えば、金融規制を外してしまう。お金が世界中を自由に動き回ることで、金融市場で直接に利益が発生するようにしました。

労働についても規制を外して、低賃金労働を可能にする。派遣やフリーターはそこから生じました。格差もここから生じます。あるいは、インドネシアやフィリピンなどから安い労働力を導入する。ここでの労働力は単なる安い商品でしかありません。

自然資源についても同じです。土地は完全に流動化し、少しでも商品価値の高い土地には一気に資本が投下され、地価が上がる。

石油が高くなりそうだというと、投機資金が一斉に流入し、先物取引で価格が高騰する。すべては商品なのだから、市場における需要と供給のバランスで値段が決まるわけで、バブルだろうがなんだろうが、それで利益が上がればよい、ということなのです。

その結果、いまや、経済活動における利益は、もっぱら、金融市場と、安い労働力を使う労働市場と、食糧やら自然資源を先物市場で投機的に売買することによって発生するということになってきた。

少々おおげさに言えば、今日、自動車や機械や電気製品をつくって売っても、たいして利益は上がりません。利益率などわずかなものです。

しかし、金融市場で投機をしたり、不動産市場へうまく持っていったりすれば、巨額な利益を得ることができる。ヘッジファンドは、一時、三〇%におよぶ利益率を誇っている、と豪語していました。

長期的な視点で企業に投資し、産業を活性化させるという、従来のやり方では、もはや十分な利益は上がらなくなってしまいました。そうなると、誰も、長期的な企業活動に投資するのはバカバカしくなります。誰もが、金融市場へお金を回して、そこで利益を稼ごうとする。しかも、金融市場は、そこにお金が集まれば集まるほど、バブルを引き起こしやすくなり、うまくやれば、ますます巨額の資金を稼げるようになる。

この構造に、日本を始めとする先進国全体が呑み込まれていったのです。これは恐るべきことと言わざるをえません。

そして、このようなグローバリズムの下で一番強くなるのは、生産要素を握っているところです。すなわち、資本を持っているアメリカ、安い労働力を提供できる中国、資源を持っているロシアやアラブ諸国。実際、これらの国々の台頭には目を見張るものがあります。アメリカは今その資本の運用の失敗で調子が悪いのですが、やはりドルという基軸通貨としての地位は依然として維持しており、それがある限り、アメリカの資本供給力はやはり圧倒的に強いのです。

ドバイの現世主義とニヒリズム

グローバルなバブルの象徴は、ドバイでしょう。少し前にＮＨＫテレビでも、ドバイを特集していました。

原油価格の高騰により、産油国の資産は一気に膨張しています。いわゆるアラブの政府系ファンドというもので、これは、いまや、世界経済を左右する力を持っています。

そしてサブプライムローン問題で、アメリカから資本が引き上げられた。それらの資金が、いま、ドバイ周辺に集中しています。

現在、世界で一番高いビルをつくっているのはドバイなのだそうです。しかもこれは、いつまでたっても完成させない。よそがもっと高いビルを造れば、その上に階を重ねて、より高くする。それにより、砂漠の真ん中に、摩天楼のような高層ビル群が出現しました。

次々にビルをつくり、それをオフィスや邸宅として大富豪に売りつけ、バブルを起こし、経済発展する。今度は、バブル目当ての投機家がそれを買う。ドバイは、砂上の楼閣を見事に絵に描いたような都市です。

ちょっと面白かったことがあります。

ドバイで、海を埋め立てて、世界の大富豪向けの巨大別荘地を開発しているアラブ人の実業家がテレビに登場していました。とにかく、ユニバースやコスモスという名のとんでもない規模の埋め立て地を別荘にして売り出している。

その彼が、週末には車を飛ばして、砂漠の真ん中に行きます。砂漠の中でひとりたたずんで夕日を見て、やっぱりこれが一番落ち着くと言うのです。われわれは、結局、砂漠の民で、ここから始まった。その遺伝子は確実に自分にも流れている。こうした高層ビル群が全部崩壊してなくなってもいい。砂漠に戻るだけだ。砂漠のど真ん中に蜃気楼を見ただけの話だ。

彼がそのように話すのを聞いて、なるほど、という気がしました。徹底したニヒリズム、と言ってもよいでしょう。すべては、この世の一夜の幻、ということなのでしょう。

徹底した現世主義とその否定、それが表と裏に張り合わされています。現在のドバイの法外なバブルとは、こうした精神の産物なのでしょうか。日本人の感覚ではとても理解しがたいものですが、妙な面白さを感じます。

日本の強みだった「組織の力」

日本に話を戻しましょう。

グローバル化は日本にとってよかったのか悪かったのかと言えば、現状を見る限り、明らかに日本にとってはダメージが大きい。

その理由は、先ほどの生産要素の観点からすれば、明らかでしょう。

日本は、アメリカのような資本力や資本を扱う技術もないし、中国のような安価で豊富な労働力もない。自然資源も非常に乏しい。したがって、市場で商品化したとき、それらが大きな利潤の源泉にはなりません。この三つを競えば、どうしても勝ち目はないのです。

では、日本の強さはいったいどこにあったのでしょうか。

それは、「組織」をつくり出す力でした。

先ほど、基本的な生産要素として、資本、労働、自然資源の三つを挙げましたが、実はもう一つあります。それは、「組織の力」です。日本は、この三つを結びつける組織をつくることにおいて、決定的な優位性を保持してきました。

人間のネットワークをつくって、効率的に情報交換し、それを全体として生産性に結びつけていく。この点において、極めて高い能力を発揮してきたのです。

むろん、組織をつくり、それを効果的にするには、人と人の相互の信頼がなければなりません。この点でも、人々の勤勉さや誠実さ、組織への忠誠など日本人の美点が良い方向に働きました。

組織とは継続的に存在するものです。一度つくっておしまいではありません。組織の継続を前提にすれば、長期的な設備投資計画ができます。開発投資もできます。すなわち長期的な経済発展が可能になります。

日本人の「組織をつくる力」は、それらを可能としたのです。

もちろん、個々人の勤勉さや高い技術力は、確かに日本人の特質です。日本の高度成長を支えたのは、これら個々のレベルで十分に質の高い労働力にほかなりません。

もっとも、日本の強みは、それを個人プレーで使い、個人でヴェンチャーをやったり、自分の技能をパテントにしたり、というやり方ではなく、あくまで組織の中で生かし、他人との共同作業の形にしていった、という点にありました。

組織の商品化がもたらした破壊的影響

しかし、構造改革の流れの中で、日本が強みとしてきた「組織の力」は大きく揺らいでしまいました。いや、構造改革は、それを積極的に破壊していった。先ほど、構造改革とは、生産要素を商品化するものだと言いましたが、日本の場合、それにより、組織という生産要素が破壊的な影響を受けることになりました。

会社というものは、本質的に組織です。構造改革の中では、会社という組織そのものが、売買されるようになります。M&Aや企業買収です。

企業組織そのものが商品として売買されるようになり、企業は、それ自体が商品価値を持つようになります。企業の商品価値は、具体的に、株価に反映されます。だから、企業経営においては、株価の維持が最優先事項になるわけです。

言い換えれば、商品価値（株価）を高めるためであれば、組織のあり方をいかようにも変形できることになった。企業の価値を決める市場が、企業組織のあり方を決める、という論理になってしまったのです。そうであれば、日本のよさであった、企業への忠誠も、誠実さも、勤勉さも失われていくのが必然でしょう。

かくて、終身雇用が否定され、株主中心の経営がもてはやされる。これにより日本型の組織は崩壊の危機に瀕していきます。

本当に完全に崩れてしまったかどうかはわかりませんし、それはありえないと思いますが、相当程度には崩れてしまったことは事実でしょう。

今、日本の人口は、減少傾向に向かい、社会全体が成熟期を迎えています。組織の強みを失ってしまった日本が、これからグローバリズムの競争の中で、トップクラスとして生き残るのは極めて難しいことと言わねばなりません。

すでに緩やかな戦争が始まっている

しかし、これは果たして悲惨なことなのでしょうか。

百年も先はいざしらず、数十年のタームで言えば、明らかに日本の国力は相対的に落ちてくるでしょう。これは悲惨なことなのでしょうか。私はそうは思いません。ある意味で、私は、それでいいと思うのです。

グローバリズムのメガ競争システムの中で勝とうとすること自体が、大変なことです。そもそも、グローバリズムとは、それほど結構なものなのでしょうか。

歴史的に振り返ってみても、実は、グローバリズムの時代とは、決してよい時代ではありません。

世界で最初にグローバリズムの波が起きたのは、十六世紀から十七世紀にかけてでした。マルコ・ポーロやバスコ・ダ・ガマが地球上の新しい航路を発見し、新大陸の金や銀、中国の絹や南アジアの香辛料といった物産が、ヨーロッパに大量に流れ込みます。ヨーロッパ諸国は、この利権をめぐって激しく争います。いわゆる重商主義の時代です。

世界史上初のグローバリズムの時代に、ヨーロッパ社会は大混乱し、国家間の競争や戦争が絶え間なく続きました。そこにさらに、宗教戦争が絡《から》み、この時代は、ヨーロッパが最も荒《すさ》み、混沌とした時代だったのです。覇権は、ポルトガルからスペイン、それからオランダ、さらにフランスとイギリスの絶え間ない戦争の結果、イギリスへと、めまぐるしく変わりました。

二番目のグローバリズムの波は、十九世紀から二十世紀の初めにかけてです。いわゆる帝国主義の時代と呼ばれた時期です。

資本の移動も、人の移動も、モノの移動も、今よりもっと激しかった。今日グローバリズムと言っても、世界のモノや資本の移動は、二十世紀初頭の水準にはまだ及びません。帝国主義の時代にも、言うまでもなく、世界的に大混乱が起こり、その結末が、二つの大戦へと帰着するのでした。

日本は、最初のグローバリズムの波が押し寄せてきたときに、鎖国に入ります。そして、二番目のグローバリズムの大きな波が押し寄せてきたときに、開国し、その中に飛び込んでいきました。あの時代、そうしなければ生き残ることができなかったということでしょう。

しかし、その結果はというと、日本の歴史の中でも、明治から昭和のあの戦争にかけては、日本が最も急激に変化した、大変な時代でした。

先ほども言いましたように、明治維新からちょうど六十三年目に満州事変が起きます。今年(二〇〇八年)は、敗戦からちょうど六十三年目です。だから満州事変が起きるというわけではないのですが、敗戦から六十数年が経ち、世界は明らかに、あのときと同じような帝国主義の時代に回帰しつつあります。

むろん、これから大戦が起きるわけではありません。しかし、ある意味では、もう緩やかな戦争は起きていると言えるのかもしれない。資源の争奪や食糧をめぐるいわば生存競争が、すでに国家間の軋轢を引き起こしています。これは、たんなる偶然の一致とは思えない、時代の必然のようなものを感じずにはいられません。

帝国主義の時代に問われる国力

前にも名前を出しましたが、ジョン・グレイというイギリスの政治哲学者がいます。本物のブリティッシュ・コンサバティブ、保守主義者を自認している人物です。数年前に来日したときに、彼と話したおり、強く印象に残ったことがあります。

それは、彼が、これからは帝国主義の時代になると、大変に強調していたことでした。資源と食糧をめぐり深刻な争いが起こる。マルサスの人口原理がもう一度二十一世紀のこの世の中に戻ってくる、そう言っていました。

当時もその気配を感じなかったわけではないのですが、私は正直、そこまでだとは思っていませんでした。

アメリカのイラク攻撃の後で、まだ、アメリカの一極支配構造が続くだろう、と言われていた時期です。「帝国」という言葉はよく聞かれましたが、「帝国主義」という議論ではなく、「アメリカ帝国」といった使われ方でした。

この人、少々、オーバーだな、というのが私の感想でした。しかし、今、明らかに、世界は、ジョン・グレイが言った方向に急速に動いています。

このような時代になると、国の立場をどのように定めるかによって、その国の命運が決まってきます。そこで問題になるのは、では「国力」とは何か、ということでしょう。

アメリカは、すでに述べてきたように、一方で、自由や民主主義の普遍性を唱え、それらの価値が絶対の正義であり、それを世界化する必要があると考えている。そのためには、アメリカはあくまで世界の中心的国家でなければならず、そうであるためには、強力な軍事力が必要だと考える。

アメリカの軍事力は、むろん、アメリカを守るためのものですが、さらに言えば、アメリカと同様の考え方をする同盟国を守るためのものでもあり、もっと言えば、世界秩序を守るためのものでもあります。

これらのことが、アメリカでは繋がっている。アメリカを同心円の中心において、同盟国、友好国、そして世界秩序、というふうに繋がっているのです。

今日、アメリカは、現状以上の大国になることは目指していないでしょうが、現状の力は、どうしても維持しなければならないと考えている。

中国がこれからどうなっていくのかは、よくわかりません。この間のオリンピックなど見ていると、今後は、良かれ悪しかれ、中国を一つの極として世界が展開してゆく、ということを実感させるところがあります。それほど、国威を発揚しようとしている。

経済力、そして共産党の政治的力、さらには、「中国三〇〇〇年の歴史」という歴史・文化の力をすべて結集しようとしています。別の言い方をすれば、さもなければ、中国内部で生じている経済格差や、都市農村の格差、民族問題などの矛盾をやりくりできないのかもしれません。

果たして、共産党がどこまでもつのか。どのような形で崩壊していくのか。経済成長がそのままで続くのか。これらはまったく予測不可能です。しかし中国が、アメリカとはまた違った形で、世界に決定的な影響力を及ぼそうという明確な意志を持っていることは確かです。

ロシアは、プーチン大統領のもとで、一時の経済的苦境を脱出しました。徹底した強権政治と、覇権主義的な外交によってです。強いロシアの復活というナショナリズムです。

とにかく資源を確保し、資源をキーコンセプトに対外交渉力を確保する。政治力、資源力、そして、軍事力を最大限に利用して大国になる、というのが、プーチンの戦略でした。それは、プーチンが形の上では大統領から退いて、メドヴェージェフに代わっても変化ありません。

では、日本はいったいどのような立場に立つのか。日本の国力は何なのか、あるいは、日本の意志は何なのか。

それがどうもよくわかりません。極めて曖昧なのです。

日本は、アメリカとも、ロシアとも、もちろん中国とも違う、何か別の価値観を打ち出す必要があります。またその価値観は、世界に発信できると同時に、われわれ日本人自身が納得できるものでなければならない。

しかし、それが何なのか、というとよくわかりません。国民の間での合意もありません。小泉さんも安倍さんも、日米同盟を重視して、日本とアメリカは価値観を同じくすると言った。二人が言っていたのは、せいぜい、日本もアメリカも自由や民主主義を大事にしているというぐらいの意味だと思います。

しかし、前にも言いましたが、アメリカの価値観はそうではありません。また日本人も、アメリカのようにたった一つのイデオロギーで世界を覆いたいなどと考えているわけではありません。では、日本の国力や価値観とはいったい何なのでしょう。

日本が発信すべき文化・価値の力とは

国力というものにはいくつかの要素がありますが、私は次の四つが重要だと考えています。一つは政治力、二つめは軍事力、三つめが経済力、四つめが文化の力、もしくは価値の力です。

日本は、政治力もなければ軍事力もない。経済力もだいぶ落ちてきている。そうだとしたら、日本が世界に対して発信できるのは、文化の力、あるいは価値の力しかありません。

もちろん、政治的な発言力や交渉力、影響力を高めていくことも必要だし、軍事力を整えることも不可欠でしょう。そのためには、たとえば憲法九条改正のような問題も克服していかなければならない。

そうであるとしても、今この時点で日本が最も重視すべきは、文化・価値の力です。文化や価値の力をしっかりと持ちさえすれば、その国は何とかなる。やはり根底にあるのは、文化や価値の問題で、そこがしっかりしていなければ、政治力や経済力は身につかないのです。国力の一番の根本がそこにあります。

グローバル化により、情報や資本の動きは国境を越え、完全に世界に広がっています。その意味では、世界の利害は一体化の方向に向かっている。

しかし興味深いことに、九〇年代以降のグローバリズムの中で、むしろ、グローバリズムに逆行するかのように、その国の歴史や文化に対する見直しの動きも同時に起きてきました。

社会主義の崩壊によって、東西のイデオロギー対立は終わりました。しかし今度はそれに代わって、それぞれの国や地域が、彼らのアイデンティティをあらためて問い直し、再確認しようとし出したのです。

グローバリズムは、決して、国境を取り去ってしまったわけではありません。経済のボーダーレス化により、人々はかえって、それぞれの国益というものに関心を向けるようになりました。

その結果、九〇年代以降、どの国も、自国のアイデンティティを、もう一度確認しようとしている。政治のパワーゲーム、経済のウェルスゲームと並行して、文化のアイデンティティゲームが行われているのです。

だから日本も、日本人が納得できるような形で、日本の価値とはいったい何かを考えていく必要があります。ところが、それこそが日本にとっては、大変な難問なのです。

もちろん、アイデンティティなど、それほど明確に定義できるものでもありませんし、そうすべきでもありません。アイデンティティとは、静かな確信として、人々の精神の中にどっしりと根をおろし、それを支えてくれるはずのものです。

しかし、どうもそれが今のわれわれにはありません。いや、見失われているように思われます。それはどうしてなのか。そこにはやはり日本特有の事情がある。

この事情をせんじ詰めると、戦後の日本の、事実上のアメリカへの追従ということにどうしても行き着いてしまうのです。

「アメリカ的なもの」への精神的従属

戦後の日本は、「アメリカ的なもの」の強い影響下におかれてきました。むろん、日本がアメリカ化した、というわけではありません。当然のことながら、日本的な慣習も残っています。

しかし、われわれは、物事を判断したり、評価したり、意味づけたりするときに、どうしても「アメリカ的なもの」を持ってきて、それを基準にしてしまうのです。

　これは、敗戦という一種のトラウマによって、アメリカを象徴的な「父」にしてしまったため、と言ってよいでしょう。「アメリカ的なもの」を内面に取り入れることが、規範となってしまった。

　しかもこの「父」は、権力を持った強い父であるだけではなく、「正義」をも持った父でした。この「父」によって、これまでの「日本」という「不良息子」は、かろうじて矯正された、というわけです。

　このような精神構造を生み出したものは、これも先に述べたように、あの戦争の解釈でした。一言で言えば、あの戦争で、日本はただ負けたのではなく、価値観の上で負けた、とみなされたということです。

　この間の戦争については、それほど簡単に割り切れるものではありません。ただ確かなのは、戦後日本においては、あの戦争に負けたのは、日本が道徳的に間違っていたからだという理解が、公式のものになってしまったということです。これは左翼進歩派がそう言っているというだけのことではありません。戦後の日本政府も、基本的にはその方向で国際関係を維持しようとしてきたのです。東京裁判から一九五一年のサン・フランシスコ条約への流れの中で、この戦争解釈が公式の了解になっていったことの意味は、また、第五章で述べたいと思います。

ともかくもサン・フランシスコ条約において、日本は、東京裁判を受け入れて、国際社会に復帰した。それ以降、公式的には、あの戦争は、日本の道義的に誤った侵略によって引き起こされた戦争である、という考えが一般化していきました。

ときの吉田政権や当時の日本人が、心の中でそれに納得していたのかどうかは、よくわかりません。

アメリカは、サン・フランシスコ講和条約を結んで、日本が主権を回復すれば、日本は憲法改正をして、それなりに「自主的な」戦後を自らの手でつくり出すだろうと予想していた。にもかかわらず、日本は、そうしませんでした。

日本の戦後政治は、このアメリカの占領政策の基本構造を受け入れたところから始まります。そして、あの戦争についての、押しつけられた歴史観に抵抗して、自国の立場を主張することなく、そのエネルギーをすべて経済に振り向け、日本は奇跡的な経済成長を遂げたわけです。

戦後日本が「アメリカ的なもの」に従属してしまった、というのは、この根底のところなのです。何も、日本人が全面的にアメリカ的生活をするようになった、というわけではない。日常生活のほとんどは、アメリカ的どころか、「日本的なもの」の習慣の上に成り立っています。

しかし、根本的なところは、アメリカによって「骨抜き」にされてしまっている。

「あの戦争」は、日本の道義的に誤った戦争であった。そして、日本の道義的な誤りの原因は、戦前の古い、封建的な日本の精神にあった。このようにみなされることで、「日本的なもの」は道義を失い、いわば存在理由を剝奪《はくだつ》されてしまいました。「日本的なもの」に忠義を尽くした結果、お前は犯罪者だと言われることになってしまいました。

この「お前は犯罪者」というところから始まったのが、日本の「戦後」です。六年に及ぶ、GHQによる占領という「保護矯正」期間を経たのちに、十分に反省して社会復帰したというのが、戦後日本というものなのです。

正しいと思っていたものが、すべて誤りであり、正義の戦争だと思っていたものが犯罪であったとなれば、人は、一種の精神的な空白に陥って当然でしょう。「日本的なもの」が決定的に誤りであったとなれば、価値の基準は失われて当然です。そこに、「アメリカ的なもの」への精神的従属が生まれたのです。

「清く明き心」という宗教観

だから、日本の価値観をあらためて問い直すにあたっては、戦後六十数年の枠組みを前提にして考えたのでは十分でない。むしろ、戦後に植えつけられたものをいったんすべて疑ってみる必要があります。もっと長い歴史の中で積み重ねられた、日本的精神、考え方・感じ方、そして美意識を辿っていかなければならない。

この章の初めに、グローバル金融市場の暴走というような話をしました。構造改革の中で、日本型経営を支えてきた組織のあり方が否定されてしまったと述べました。

それにより、われわれは「日本人にとっての労働の意味そのものを見失いつつあります。これまでのような、集団的で「組織的な日本型労働ではもはやうまくいかない。かと言って、アメリカ型の個人主義的な能力主義もどうも落ち着きません。

いったい日本人の労働観の根本にあるものは何だったのでしょうか。

そこにはやはり、仏教や儒教、さらには神道的なものを核にする、日本的な宗教観が深く関わっているように思われます。

もともと日本人の心の中には、悉有仏性《しつうぶっしょう》という考え方があります。すべてのものは仏性、すなわち仏の心を持っているという考え方です。

そして、仏の心がうまく表現されないのは、世俗の名誉欲や金銭欲によって、人間が毒されているからであると考えます。だから、毒された心から毒をうまく取り去って、本来の心に立ち戻れば、すべての人に本来の仏心が表れてくるという、一種の性善説です。

神道でいう清明心も、これに非常に近いものと言ってよいでしょう。清明心、すなわち清《きよ》く明《あか》き心とは、人間が本来持っている、他人に対して隠すところのない、純粋な澄み切った心のことです。人間の本当の生き方は、この清い、純粋な心のままに生きることです。

しかし、人間は生きていくうちに、いろいろな不平不満を抱え込み、虚栄心をはり、他人を羨み、嫉妬して、愚痴をいい、埃《ほこり》・汚れをため込んでいきます。その埃を取り去るのが「お祓《はら》い」なのです。お祓いをしてもらい、人は、身を清め、それによって本来の清い心を取り戻すことができます。すると心の中に、いわば神が立ち現れてくる。

どうも日本人にはこのような考え方が深く根づいているように思われます。

この神道的な発想は、また、仏教とも無縁ではありません。仏教も、座禅や修行によって、邪念を払い、できるだけ純粋な境地に達することを目指します。すると仏性が心の中に現れてくるわけです。

そして、さらにこれは労働についても言えます。汚れのない清い心は労働によってこそ取り戻すことができるというところから、日本的な勤勉の哲学が生まれてくるのです。

日本に資本主義を生んだ勤労観

山本七平氏は、日本的精神の中には、世俗的な労働をそのまま肯定する、プロテスタンティズムの倫理に通じるものがあることを、指摘しました。

イギリスやアメリカのピューリタンにとって、信仰生活とは、日常生活において与えられた仕事・与えられた職務をまっとうすることでした。ピューリタンにとっては、神は絶対的な存在で、人間は、ただ「神の道具」である。人は、神が自分を救済するのかどうか知ることはできません。

しかし、そうであればこそ、人は、自分が救われるという確信を得ようとします。ひたすら禁欲的に勤勉に働き、正直に商売をし、誠実に人と接する。それらすべてが、神に対する信仰の証となるわけです。その結果、利益が生まれ、商売で成功することは罪ではなくなります。

こうして、資本主義的な利潤追求の精神が容認されるようになります。つまり、資本主義の精神は、宗教的背景を持った勤勉な労働の精神から生まれたということです。これが、マックス・ウェーバーの有名な『プロテスタンティズムの倫理と資本主義の精神』の核心です。

この議論の要点は、近代の合理的な資本主義の精神は、あくまで、ピューリタニズムの中から出てきたというところにあります。西洋のある特定の地域の産物として、しかも、キリスト教という独特の宗教を背景として生まれた、ということです。

それを山本氏は、キリスト教的な背景とはまったく関係なく、日本でも、江戸時代に、同様の考え方が出てきた、と指摘しました。キリスト教の伝統がなくても、合理的な資本主義の精神は出てくる、と言うのです。

たとえば石田梅岩は、京都の呉服屋で奉公した挙句、四十代半ばになって、町の一般人を集めて一種の塾を主宰します。そこで、武士道などとならぶ、商人の道を教える。主として儒教を背景にした商人道を説きます。

ここでは、一人一人が与えられた職分をまっとうすることで、社会の良き秩序が保たれると教えられます。武士は士の役割を徹底してまっとうする。農民は農の役割をまっとうする。商人は商の役割をまっとうして、正直に、誠実に商いをする。物をつくる職人も、その役割をまっとうして、一生懸命、勤勉に働く。

一人一人が、邪心や虚栄心や貪欲な心を排して、それぞれの道を極める。そのとき、働くことは、単なる金儲けの手段ではなく、武士道、商人道といった「道」になります。「道」とは極めて日本的な観念です。道に従うとは、言い換えれば「仁義礼智」を尽くすこと、「天命」に至ることです。

このような労働観の根底には、ピューリタンの場合と同じように、仏教、神道、儒教が融合した日本的宗教観が存在すると言ってよいでしょう。

無私に働くことでよき秩序を保つ

もちろんピューリタンの労働観と日本のそれとは、その内容において大きな違いがあります。キリスト教は、あくまで、強力な絶対者としての神を前提としています。それゆえに、人間の側には根本に罪の意識があります。だから、労働といっても、どうしても、勤勉に働かなければ神の罰が下るという意味合いが強い。

しかもそれは個人個人、別々です。みんなそれぞれ事情が違っている。神の前では、みなが個人として神に奉仕するわけで、絶対的に孤独です。ゆえに、西洋の労働観の基礎には、どうしても個人主義の意識が生まれてきます。

しかし、日本の場合は違います。石田梅岩は、人間の「性」ということを説きました。「性」とは、言ってみれば、宇宙の秩序が人間の「こころ」を貫いているような状態です。「自然」と言ってもいいし、「自然の存在としての人間の本質にあるもの」とも言える。

私を殺し、欲を捨てることで、「性」に達する。それは、すべての秩序がうまくいくということでもあります。

梅岩は、武士には武士の役割があり、町人には町人の役割があり、無私になって、それをまっとうしたときに秩序が守られる、つまり「性」に達することができる、と考えます。勤勉も節約も、己の役割を正しく果たして、この秩序に従うことにほかなりません。

これは、西洋のキリスト教の中から出てきた労働観とはだいぶ違います。罪を清めるために、むしろ、罪の意識に支えられながら行う、苦行としての労働とはだいぶ違う。

日本には、働くことは「道」を究めることであり、社会や宇宙の秩序を貫く何かと一体化することだ、という感覚がありました。そこからは、西洋のような強烈な個人主義や成果主義の意識は出てきません。また、競争という意識もなかなか出てこないでしょう。

一人一人が自らに与えられた役割をまっとうすることによって、社会の秩序が保たれる。社会の秩序が保たれることで、個人の精神の秩序も保たれる。心が晴れやかになり、邪心がなくなり、人間として素直に生きることができる。

このような、個人の生き方と社会のありようが渾然一体となった日本的精神を、現代のわれわれはすっかり忘れてしまっているのではないでしょうか。

日本の精神を表す言葉は翻訳できない

もっとも、このような考え方を外国人に訴えていくのは、たいへん難しい。ここに、「日本的精神」というものの困難があります。今言ったような、無私や、道を極める、「性」を知る、といった観念は、われわれ日本人は何となくわかるのですが、これを外国人に説明するのは至難の業でしょう。

日本の精神性を表現する重要な言葉は、なかなか英語に翻訳できません。

たとえば「こころ」という言葉は、ふつう、heart や mind と訳されますが、かなりニュアンスが異なる。「魂」という言葉は spirit と訳すと、これはキリスト教の聖霊から出てきている言葉なので、やはり違う。soul にも近いけれど、やはりニュアンスが異なる。

以前、私の大学に、タイからきた留学生の女性がいて、「こころ」について研究していました。日本語の「こころ」にあたる言葉は、タイ語にも英語にもない。日本語にしかない「こころ」という言葉に、日本人の考え方のエッセンスが込められていると思う、と彼女は言っていました。

言われてみればまったくその通りです。

「義」という言葉も同様です。justice とも obligation とも違い、新渡戸稲造《にとべいなぞう》さんも訳すのにずいぶん苦労をしています。彼は、rectitude という言葉をあてています。

「義」の中には、邪心や虚栄心を取り去り、心を無にするというニュアンスがあります。心を無にしたときに、自分のやるべき道が見えてくる。その道をまっとうすることが、人として正しいあり方であるという観念です。これはやはり先ほどの日本の宗教観と深く結びついている。

日本思想の研究者である相良亨《さがらとおる》氏は、日本の精神を表す言葉として、「理《ことわり》」「自然《じねん》」「道」「天」「心」といった言葉を挙げています。これらの言葉を聞いただけで、われわれには、何らかのニュアンスが伝わります。しかし、それを外国語にすることはほとんど不可能です。

しかも、このような日本的な考え方は、翻訳が難しいだけでなく、近代社会であまり有利に働かなかったのも確かです。特に、個人的な欲望を排して自分を無にするという考え方は、個人の権利や利益を追求する、西洋近代の自己主張型の考え方を前にすると、どうしても分《ぶ》が悪いようです。

「武士道」が記憶から消えることはない

しかし、各国が自らの権利と利益を主張して覇権を争うという帝国主義的状況は、遅かれ早かれやがて行き詰まります。そうなる前に、われわれは、今述べてきたような日本的な考え方を、自分たちのアイデンティティの基本に据えておく必要があるのではないでしょうか。

いわゆる「日本的精神」は、近代社会ではどうも分が悪いのですが、それは今に始まったことではありません。新渡戸は『武士道』の最後のほうで、残念ながら武士道は今や風前の灯《ともしび》である。この後、倫理の掟としての武士道は滅ぶかもしれない。昔はあんなものがあったと懐かしがるものになってしまうかもしれない。しかし、そうは言っても、武士道が日本人の記憶から消え去ることはないであろう、と書いています。

確かにそうです。新渡戸稲造が『武士道』を書いたのは、一八九九年、まさに二十世紀に入ろうとするグローバリズムの時代であり、近代化した列強が帝国主義的覇権を競う時代でした。その後、日本は戦争を経験し、敗北を喫し、戦後を迎えます。そして「武士道」という概念は、戦後、徹底的に否定されました。

にもかかわらず、その言葉はまだ生きています。言葉の中身については諸説あるものの、今日、「武士道」という言葉は、依然としてわれわれの気になるところなのです。それどころか、以前にましして、それも、特定のイデオロギー抜きにして、この言葉に関心を寄せる若者が増えているのです。

大学でも、私のところに、毎年、一人や二人は、武士道や日本的精神について少し勉強してみたいとか、それについて卒論を書いてみたい、といった学生がやってきます。決して、彼らは、左右どちらの意味でもイデオロギッシュではありません。ただ、自分の中にあるものを確認したい、ということなのです。

「日本的精神」なるものは、戦後社会でほとんど顧みられることなく、このグローバルな時代においては、大変なアナクロニズムにさえ見えます。しかし、実際には、決してそうではありません。

伝統とは、常に、再発見され、それによって常に創造されるものなのです。新渡戸さんと同じように、私も、日本的な考え方は、人々の記憶からは容易には消え去るものではないと思います。それどころか、今でも日本人の心の中にしっかりと根を下ろしている。少なくともまだ記憶からは消えていません。

確かに今の日本には課題が山積していて、絶望的な気分になるのも当然というものでしょう。しかし逆に、われわれがやるべきことはまだまだいくらでもあると見ることもできるのです。

そのことに気づいている人は決して多くありませんが、その少ない人間が、様々な形で横に繋がりながら発言を続けていけば、必ずや一つの力になるはずです。

いずれにしても、この先の十年、二十年、世界は大混乱に陥ります。そのときに、日本的な精神というものが見直され、新たな役割を担うことがある、と期待したいのです。ものを書き、多少は発言する機会を与えられた者の責任とは、この将来へ通じるかぼそい道に期待を繋いで、次の世代の人々に、伝統（トラディション＝伝えられしもの）を伝達（トランスミッション）することだと思うのです。

第五章　日本を愛して生きるということ

一　なぜ今「愛国心」なのか

日本特有の「独自性」にどう踏み込むか

二〇〇八年の春に、ＮＴＴ出版から『日本の愛国心』という本を出しました。企画が持ち上がったのは、その四、五年ぐらい前、小泉さんが靖国神社に行く行かないので大騒ぎになった時期です。中国や韓国から強い批判が来て、日本の愛国心やナショナリズムが政治的にホットな話題になっていた頃でした。

当初は、ナショナリズムとは何かを、いくぶん抽象的に概念整理をして論じるつもりだったのですが、どうも面白くない。本にする気にならなくて、しばらくそのまま放っておきました。どうして一度書こうとしたものがうまくまとまらず、そのままになってしまったのか、それにはいくつかの理由があります。

一つは、ナショナリズムを一般論で議論してもどうもつまらないのです。ナショナリズムとは何か、ナショナリズムはどうして生まれるのか、などという議論は英米を中心に結構あります。それはそれで、大変に重要なテーマなのですが、どうも私にはあまり面白くない。

どうして面白くないかというと、ナショナリズムや愛国心というものは、常に特定の国に対してのナショナリズムであり、特定の国に対する愛国心でしかありえないからです。アメリカ人がアメリカに対して愛国心を持つのは、彼らにとってはごく当然のことです。彼らがなぜアメリカに対して愛国心を持つかは、学問上の関心の対象にはなるかもしれませんが、基本的にわれわれ日本人には直接には関係のないことです。

中国人が中国に対して愛国心を持っているとかいないとか、一応、現代中国理解のためにも知っておくのはいいかもしれないけれど、それを知ったからといって自分の生き方が変わるわけではない。

われわれにとって、愛国心やナショナリズムの対象となるのは、日本という特定の国でしかありません。

むろん、それは、われわれは日本にだけ関心を持てばよい、という日本中心主義とはまったく違うことです。ナショナリズムの起源やパターンを、一般論として議論することはできるし、必要なことではあるけれど、われわれに切実なのは、「日本の愛国心」とはいかなるものか、というその「特殊性」のほうなのです。

どうしてわれわれにとって、日本が大事なのか。日本が大事だと言うときに、日本のいったい何が大事なのか。そのことにこそ関心がある、ということです。

そして、そこにはそれなりの理由があります。

私は、どうも「日本の愛国心」には、何か独特の性格があるのではないか、という気がするのです。むろん、愛国心のありようは国によって違います。それぞれの国がその国なりの愛国心を持っている。それぞれの国がそれぞれ異なった歴史と経験を持っているのだから、当然そうなるでしょう。

だから、日本が、日本独自の愛国心のあり方を示すのも当然ということになるのですが、私の考えでは、この日本独自のあり方は、かなり特異なもののような気がする。単にそれぞれの国の「特殊性」というより、もっと特有の「独自性」があるように思えるのです。

そして、その独自な日本の愛国心の本質は、これまで正面から取り上げられてこなかったように思えます。

その理由の一つには、愛国心を主題にすること自体が、かなり難しいということが挙げられるでしょう。「愛国心」という主題は、考えてみればかなりやっかいなものなのです。

たとえばみなさんが、「あなたは日本を愛していますか」と訊かれたら、当たり前のこととして「自分は日本を愛している」などと大きな声で言えるでしょうか。

そもそも、質問の「日本」が何を意味しているか自体、簡単には定義できません。国土のことなのか。国民のことなのか。日本の歴史全体なのか。世界における日本の国益みたいなものなのか。

よくわからないものについて、愛しているかどうかと訊かれても、簡単に答えられるものではありません。

結局、愛国心やナショナリズムの問題は、対象である「日本」を抜きにして考えることはできない。しかも、「日本」というもの一般ではなく、日本のいったい何が気になるのか、日本のいったい何が自分にとっては重要なのか、そこまで踏み込んでいかなければなりません。「愛国」と深く関わる「日本」とは、いったい何なのか。その場合の「日本」をどう理解したらよいのか。そのことについて論じなければ、「愛国心」を論じたことにはなりません。そのことがわかるまでに、結構、長い時間がかかってしまいました。

「国に対する責任」がなさすぎる

やっと本を書き上げることになったもう一つの理由は、最近の日本に対する私自身の危機意識にあります。実際、今日の日本は、ある種の崩壊と言ってよいような、すさまじい過程に入っている気がするのです。

たとえば経済。日本はついこの間まで、アメリカに次ぐ世界第二の経済大国だと言われてきました。今はちょっと落ちてきていますが、それでもまだ世界有数の経済大国であることには変わりない。それが中国とアメリカに完全に振り回されて、自国経済の安定すら自分たちで確保できない状態になっています。

中国が経済成長率一〇%で市場開放を進めてくれれば、中国の外需で日本の景気もよくなる。アメリカがサブプライムローン問題でダメージを受ければ、すぐに日本に飛び火して、せっかく良くなりかかった景気も悪くなる。中国やロシアが大国化することによって、資源や食糧の価格高騰が日本を直撃しています。これは困ったことです。

それから政治。言うまでもなく、今、日本の政治はまったくの機能不全に陥ってしまいました。重要な課題を先送りして、チマチマしたどうでもいいことばかり争点になっているきらいがあります。

政治がこのような機能不全に陥った原因は、国民の側にもあるでしょう。

二〇〇五年、郵政解散後の衆議院選挙で、小泉さんの自民党が大勝しました。そして二年後、安倍政権下の参議院選挙で今度は自民党が大敗します。二年の間に国民の世論が一八〇度変わってしまったのです。

その間にいったい何があったのかというと、特に何もない。安倍さんが教育基本法を改正した。国民投票法をつくった。これはむしろ成果というべきものです。その間は経済状況も特に悪くなかった。

だとすると、現在の日本には、国民の意志というものがほとんど確かなものとしては存在しないとしか考えようがない。小泉さんが郵政事業の民営化を訴えれば、ほとんどの人が、「あ、そうだ。自民党に入れよう」となる。それも実際には、小泉さんの郵政民営化政策に賛同したのではなく、小泉さん個人の人気のなせるところだった。

そして民主党が「消えた年金はけしからん。消えた年金をつくり出したのは自民党である」と言えば、今度はどっとそちらに流れてしまう。もはやまともな民主主義とは言えません。

もっとも、民主主義は、そもそもムードや気分、情緒によって左右に揺れ動くものです。われわれは、民主主義はそのような危険性を常に孕んでいると考えておくべきなのです。

民主主義が、ある程度うまく機能するためには、はっきりとした国民の意志が不可欠です。ちょっとカッコいい首相が出てきたといった、ときどきのムードに騙《だま》されずに、一人一人がそれなりに自国のことについて判断する必要がある。

国民が自分の国について、それなりの価値判断をして、自分の国にとって大事なものは何かを考えておく。それは自分の国に対する責任を持つということであり、広い意味で愛国心を持つということにほかなりません。

しかし、どう見ても、今日の日本では、国民の間にある程度は共有されるべき「国に対する責任」というものが見あたりません。そこで、やはり今、愛国心ということを、多少は考えてみなければならないと思い至ったわけです。

自国に誇りを感じない日本人

本題に入る前に、もう少しお話ししておきます。

中公新書ラクレの『日本人の価値観・世界ランキング』という本に、こんな調査結果が載っています。

自分の国に誇りを感じるかどうか、というアンケートを取ると、誇りを感じる人の割合が日本は圧倒的に低い。調査した世界七十四カ国中、日本は七十一番目です。

トップはエジプトで、九八％と、ほぼ全員。二番目がフィリピンで、これも九十数％。アメリカもかなり上位で、九〇％程度。カナダやオーストラリアも同じような数字です。

ヨーロッパ諸国はだいたい八〇％台。中国も八〇％ぐらい、韓国も同じぐらいです。これに対して日本は約五〇％と、断トツで低い。

これもよく知られている調査ですが、戦争が起きたら参加するかというアンケートでは、日本は五十九カ国中、圧倒的に最下位です。

トップはトルコで、九五％。中国も九〇％と、高いです。韓国は七五％、アメリカは六四％。アメリカの数字は以前の調査と比べて下がっています。

二番目に低い国はスペインですが、それでも四〇%ぐらいあります。日本の一五%というのはずば抜けて低い数字です。

これは少し前の調査なので、今では多少は変わってきているかもしれませんが、日本人の自国に対する意識が、世界標準からすると、たいへん低いのは事実です。

私自身について考えてみても、愛国心という言葉は、正直あまり好きではありません。

私の少年時代は、右翼の街宣車が今よりずっと多く、たえず走り回っていました。傍若無人な大音量で軍歌を流してやってくる。私はあれが大嫌いで、「愛国心」とか「愛国」という言葉を見ると、ああいうものがまずイメージとして、頭の中に出てきてしまいます。

愛国心というものは、あまり口に出して言ったり、人に強制したり、街で大声で叫んだり宣伝するものではないだろうという気が、私にはずっとありました。

また愛国というと、とにかく日本人なら日本の国を愛さないとダメだ、愛せない奴は非国民である、といった言い方をする人がいます。私はそれも違うだろうと思う。

だから私は、ここでは、右翼の街宣車的な愛国心とは違う、もっと一人一人の人間の心の中にある、別の愛国心のあり方について考えてみたいと思うのです。

そのためにまず、愛国心をめぐるいくつかの概念について、簡単に整理をしておきましょう。

次に戦後日本の愛国心について、三番目には歴史観について、そして最後に近代日本の歴史を振り返った上で、日本の愛国心をどう考えるかについてお話ししたいと思います。

二「愛国心」をめぐる諸概念

「国」という場合の二つの意味

愛国心は英語で言うとパトリオティズムです。これに関連してナショナリズムという言葉もあります。

一般的に言うと、外国人の場合、ナショナリズムに対してはマイナスイメージが強い。逆に、パトリオティズムに対しては、かなりプラスイメージが強い。ただ、それぞれの言葉がいったい何を意味しているかは、人によってかなり違いがあります。

ここで簡単に整理しておきますと、まず、ナショナリズムの対象になるのは「国」です。国に対して、自分の住んでいる国は素晴らしいと感じる。自分の国を最優先に考える。これがナショナリズムです。

ただ問題なのはその場合の「国」です。日本語の「国」には、国家と国民という二つの意味がある。英語で言えば、国家は「ステイト」で、国民は「ネイション」です。厳密に言えば、国家が大事だという考え方が「ステイティズム」、国民が大事だという考え方が「ナショナリズム」です。

ナショナリズムは、普通、日本語では国家主義と訳されます。しかし、国家主義は正確には「ステイティズム」であって、「ナショナリズム」は、本当は国民主義と訳すべきでしょう。

では国家と国民はどこが違うのか。

ステイトすなわち「国家」とは、その国の持っている統治機構のことです。権力を公的に使用できる機構で、政府、裁判所、警察機構、軍隊、それから法体系など、その国の秩序を与える機構が国家です。

ネイションすなわち「国民」とは、人々の集まりです。ただし、単なる人々ではなく、一定範囲のある領土の中に住んでいて、一定の価値観を共有している人たちです。要するに、文化的、歴史的共同性を持ち、多くの場合には、同じような言語、同じような情報、メディアを共有している人々の集まりがネイション、国民です。

ナショナリズムとステイティズム

ナショナリズムとステイティズムは区別しておく必要があります。

共通の文化や価値観のもとに結束する国民をつくり出すこと、あるいはそのようなまとまりを持つ国民こそ大切だとみなす思想がナショナリズムと言われるものです。

それに対して政府の権力を強くしたり、海外の脅威に対抗するために軍事力を強化するといったように、国家機構の権力作用を強化しようとするのはステイティズムであって、一応ナショナリズムとは区別しておくべきなのです。

たとえば、左翼の人たちは、憲法改正に反対する、日米同盟に反対する、あるいは集団的自衛権に反対するときに、ナショナリズムは危険だと言います。しかしこれは実はステイティズムのことなのです。

むしろステイティズムに反対するために、ナショナリズムを強化するということもありえるのです。国民が結束して自分たちの生活や文化を大事にしようと考える。そのためには軍事力に金を使うべきではないし、あまり国家の行政権が強化されては困る。これは、ナショナリズムには賛成だが、ステイティズムは反対という考え方でしょう。

この二つは、実際、よく混同されています。知識人の発言や新聞報道などでも、知らずに混同されていたり、ときには意図的に混同されていることもある。しかし、両者を区別しておかないと、議論が無用に混乱するでしょう。

「郷土愛」の延長にある「愛国心」

もう一つ厄介な問題は、ナショナリズムとパトリオティズムの関係です。

たとえば、政治学者の姜尚中《カンサンジュン》氏は、ナショナリズムは否定しますが、パトリオティズムに対してはある程度好意的です。ところがときに、パトリオティズムがナショナリズムに近づくことは、非常に危険だというような言い方をする。彼の書いたものを読んでも、パトリオティズムとナショナリズムの関係が非常にわかりにくくて、両者の間で揺れています。

ナショナリズムがよくないという主張はかなりはっきりしていますが、パトリオティズムをどう考えているのか。彼の書いたものを読むかぎりでは曖昧で、どうも概念がしっかり把握されていないような印象を受けます。

そもそも、パトリオティズムという言葉は、二つの側面を持っている。

パトリオティズムの語源はパトリというギリシャ語ですが、パトリとは祖父の伝来の土地、祖先の土地という意味で、そこから始まって、パトリは郷土という意味になる。自分が生まれ育ち、祖先から受け継いできた土地、それがパトリなのです。

したがって、パトリオティズムとは、もともとは郷土愛を意味しており、祖先から代々受け継いできた、その場所を愛することがパトリオティズムです。

その範囲がもう少し拡大して国にまで至ると、愛国心ということになる。これもまたパトリオティズムです。

だから、パトリオティズムには、郷土愛のレベルと、愛国心のレベルの、二つの使い方があることになる。国への愛着のレベルで用いれば、やはりどうしてもナショナリズムに接近するでしょう。しかし郷土愛のレベルで用いれば、ナショナリズムのニュアンスは弱まります。むしろリージョナリズムとか、ローカリズムのニュアンスに近くなる。

この二つは、一応は区別する必要があります。しかし同時に、この二つが繋がったところに、パトリオティズムという概念ができているのです。

私の生まれは奈良ですが、奈良に対する郷土愛を拡大していくと、自然に日本という国までいってしまう。郷土愛の延長上に愛国心がある。パトリオティズムというのはそのような意識を掬《すく》い取った言葉と言えるでしょう。

言い換えれば、われわれは、国を表徴するときに、国という抽象的なものをまるごとイメージするのではなく、自分の故郷とか、特定の地方とかという具体的な場所と重ねて表徴するということなのです。

このあたりの理解が不十分だと、あるところではパトリオティズムもいいじゃないかということになり、あるところではパトリオティズムは危険だということになる。

愛国心をめぐる議論は、どうしてもイデオロギッシュで感情的な対立になりがちなのですが、その対立の根を辿ってみると、同じ言葉を使いながらまったく違うことを意味していることが、しばしばあります。不毛な議論に陥らないためには、概念整理はどうしても欠かせません。

三 「戦後」をめぐる二つの見方

左翼思想のカリスマ、丸山眞男

先ほど紹介したアンケートのように、日本人は愛国心に対して警戒心が強く、国に対して誇りを持てないと感じているようです。国を守ろうという意識も他国に比べて圧倒的に低い。

これは戦後日本の価値観の大きな特徴で、ある種の歪《ひず》みと言ってもよいでしょう。この歪みを生み出したのは、「戦前の日本では愛国心やナショナリズムが上から強要されて、国民を間違った侵略戦争に駆り立てた」という歴史認識であることは間違いありません。

愛国心やナショナリズムの発露は、戦争に繋がるから危険である。代わりに、自由、民主主義、平和こそが大切だ、というのが戦後日本の教育の基本でした。「ナショナリズム、愛国心」は「自由、民主主義、平和」の敵であるという構図が、戦後の日本社会を覆っていたのです。

このことを、最もわかりやすく、しかも典型的な形で表明したのが、丸山眞男の、戦後に書かれた一連の論文でした。

丸山眞男は東大法学部の有名教授で、戦後二十年間ぐらいの日本を代表する左翼系オピニオンリーダーでした。アカデミズムの権威を背景にして、ジャーナリスティックな場でも発言し、学問的な議論と政治評論をうまく繋げるという独特のスタイルを築きました。左翼思想においてはカリスマ的な人物です。

今でも、丸山信者はたくさんいます。丸山さんの民主主義論、近代化論は権威主義を排除するものなのですが、丸山門下や丸山信者は、丸山さんを絶対的な権威にしてしまっているのが面白いところです。

私が東大に入ったのは一九六八年で、たぶんその前年ぐらいまで丸山さんの講義があったようですが、私は一度も聴いたことはありません。

その頃、東大では学生紛争が起き、法学部も学生によってバリケード封鎖され、丸山教授の研究室も左翼学生の手によってめちゃくちゃに荒らされます。

第二章でも少し触れましたが、当時、ラジカルな学生たちが目指していたのは暴力革命でした。民主主義で勝つのは多数派であって、少数者の権利は民主主義では守れない。少数者の権利を実現するためには、民主主義体制を超えた暴力が必要であるというのが彼らの言い分です。

そのときに攻撃対象になったのが、丸山さんのような穏健な左翼でした。もっと言うと、東大法学部という最高の権威に守られた安全な場所にあって、民主主義こそ大事だと言っている丸山さんは、いわば左翼の偽装であって、欺瞞にほかならないというわけです。

丸山さんは、それに対して激しく抗議し、「ナチスでもこんなひどいことはしなかった」と言ったなどと伝えられていますが、これは本当かどうかわかりません。そして丸山さんは東大を辞めてしまい、ほとんど社会的に発言をしなくなります。

戦争の原因は天皇主権にあった

確かに当時の学生からすると、丸山さんは、ある意味でアンビバレントな存在でした。

一方では、東大で最も有名で最も学生の人気を集めた教授です。しかし他方で、本当の意味で少数者の権利を守るためには、民主主義は無力である、だから革命を起こして力で訴えなければならないという論理を突き詰めると、丸山さんの存在はただ障害になるだけです。

ただいずれにせよ、丸山さんが日本の戦後思想に非常に大きな影響を及ぼしたことは間違いない。その影響力を決定づけたのは、戦争が終わった翌年に、岩波書店の『世界』という雑誌に掲載された「超国家主義の論理と心理」という論文でした。

彼はここで、日本が間違った戦争に走った原因はどこにあったのかを分析しました。簡単に言ってしまうと、日本に西洋型の民主主義が確立していなかったからである、というのが彼の結論です。

彼によれば、戦前の日本にあったのは民主主義ではなくて、天皇制と家父長的支配という、極めて封建的な体制でした。そして日本が十分に近代化できなかった最大の理由は天皇制にある、と考える。それはなぜか。日本の天皇は、同時に二つの役割を果たす、非常に特異な存在であったからです。

天皇制国家とは、すべての権力が天皇に集中している集権的な政治システムです。ここにおける天皇は政治的主権者です。西洋型の立憲君主や絶対君主もこれにあたります。

しかし日本の天皇は、政治的中心者としての君主であると同時に、日本の歴史や文化、つまり日本的価値観の体現者、文化的象徴でもありました。これは天皇自身が神であり、神を祭る司祭であることに由来するのですが、ここに日本の天皇というものの極めて特異な性格がある、と言うのです。

丸山さんの議論によれば、西洋近代国家の最大の要件は、主権者が価値に対して中立的である点にあります。

たとえば民主的政府においては、人民の代表者の役割は立法と行政を行うことだけであって、政府が何か特定の価値や宗教を体現することは原則的にありえない。ゆえに、日本の天皇が、政治的主権者であると同時に宗教者であることは、日本が近代国家になっていない最大の証拠である、と丸山さんは言うわけです。

丸山さんによれば、天皇制の下で日本が戦争を起こしたのは、天皇がすべての日本人の精神や価値観を代表し、それに対する批判ができなくなってしまったからである。

たとえば、天皇が、日本は神風が吹く神国であると言ってしまうと、それに対して批判ができない。これは天皇陛下の思し召しだと言われれば、誰も反対できない。天皇がひとたび参戦を決めると、もはや戦争についての論議は不可能になってしまう。これは民主主義ではありえない。しかも天皇は直接に政治的決定を下しませんから、結局、誰かが天皇を動かし、天皇の名を騙って意のままに政治を行うわけです。

だから、民主主義と天皇主権国家は両立しない、したがって、戦後日本が天皇主権を排して、民主主義に生まれ変わったことはすばらしいことで、常に、われわれは、一九四五年の八月十五日に立ち返るべきだ、というのが丸山さんの結論です。

つまり、天皇主権を排し、民主主義が成熟しさえすれば、日本はもう戦争を起こさない、ということになるわけです。

天皇国家だから戦争を起こしたのではない

丸山さんのこの論文は、いわゆる戦後民主主義の理論的支柱となって、弟子の政治学者たちや大江健三郎のような文学者まで含めた「進歩的文化人」を生み出しました。

彼の議論は間違っているわけではないし、当時としてはあざやかな分析と思われたのだと思います。しかし、今、あらためて読み返せば、かなり欠陥があることも事実であり、疑義を挟みたくなることはたくさん出てきます。

たとえば、日本があの戦争に引きずり込まれたのは、本当に天皇制国家だったからなのでしょうか。

当時の日本は、世界的な状況の中で追い詰められ、後戻りできないところまで行っていました。満州国の建国も、中国北東部の支配権が明確ではなく、ロシアの進出が予想された当時としては、決して無謀な行為とは思われていなかった。

また国際連盟脱退も真珠湾攻撃も当時の政府が決めたことです。国連脱退についてもマスコミ世論はこれを大歓迎しました。決して天皇が決めたわけではありません。

戦前は、当時としては、それなりに民主的な選挙が行われていました。明治に帝国議会が開かれて以来、一応、議会制民主主義であり、国民の代表が内閣を構成していました。決して戦前の日本に民主主義がなかったわけではありません。それは天皇が日本的価値の体現者であることとは関係のないことです。

ひとたび戦争が始まってしまうと、それに対して民主的な議論や批判が封殺されてしまうのは、ある程度は致しかたないことでしょう。

しかしその問題と、日本がどうして戦争を起こしたかという問題は、別のものです。天皇制国家で民主主義が未成熟だから日本は戦争を起こした、という理屈には、無理があります。

さらに言えば、ナチスやイタリアは何だったのか。天皇制国家でも何でもないのに、戦争を引き起こしたのはなぜなのかという疑問が当然出てきます。

ヒトラーは、ワイマール共和国という、当時としては最も進んだ民主主義の中から出てきました。だから、真の民主主義が実現していれば、軍事国家は成立しえないなどとは、とても言えません。

このように、少し考えただけでも、丸山さんの論文には疑問が出てきます。しかし当時の知識人は納得してしまった。

それは、彼ら、特にある種の知識人の実感にこの議論がピタッと合ったからでしょう。上の者に天皇の命令だと言われれば、下の者はそれが間違いだとわかっていても絶対的に服従するしかなかったという不条理を、まさに生きてきたからでしょう。その構図をわかりやすく指摘した丸山さんに、感情的に共感してしまったのだと思います。

戦後社会は「悔恨の共同体」

さて、戦後の日本を特徴づける言葉として、丸山さんは「悔恨の共同体」という言い方をしています。

ドイツでは、インテリゲンチャ、たとえばユダヤ系のインテリたちは、ナチスの登場に強く異を唱えました。ナチスに反対して国外に脱出した知識人もいるし、迫害を受けて脱出した人もいる。彼らは国外へ出ても、一貫してヒトラーとナチスを批判しました。

しかし日本の軍部が台頭してきたとき、日本のインテリはほとんど批判できなかった。なぜ批判できなかったのか。なぜ軍部の間違いを認めてしまったのか。そのことが特に知識人にとって、戦後、非常に強い負い目になっている、と丸山さんは考えます。それが「悔恨の共同体」です。あの戦争を食い止めることができなかったという悔恨が、戦後の日本人に共通する心情を形づくっているというわけです。

この「悔恨」こそが、戦後の民主主義や平和主義を正当化し、堅固にするものだと、丸山さんは言います。戦争を食い止められなかった無念さと反省の中から出てきたからこそ、戦後民主主義や平和主義は貴重である。これは知識人に端を発することではありますが、国民全体に共通するはずの国民的価値である。これが丸山さんの議論です。

吉田満『戦艦大和ノ最期』

確かにそのように考えた人はいたでしょう。しかし多くの国民は本当にそう思っていたのでしょうか。そこで、ここでは、丸山さんとは違う形で戦後日本人の精神について考えた、一人の人物を紹介しましょう。吉田満です。

吉田満は戦艦大和の元乗組員です。戦艦大和は、周知のように、終戦間際、最後の航海として沖縄へ向かう途中、徳之島の沖合で米軍の攻撃に遭い沈没します。吉田さんはそこから脱出した、貴重な生き残りの一人でした。

彼は、戦後しばらくして、『戦艦大和ノ最期』という記録文学を書きました。しかし、当時の日本は占領下にあり、GHQはこの本の出版を許可しなかった。本が出版されたのは、GHQの占領体制が解かれた後でした。

出版にあたって、吉田さんは内容に手を加えています。特に本の終わりの部分はかなり大きく変わっている。

もともとの終わり方は、「徳之島ノ北西二百浬《かいり》ノ洋上、『大和』轟沈《ごうちん》シテ巨体四裂ス。乗員三千余名ヲ数エ、還レルモノ僅カニ二百数十名。至烈ノ闘魂、至高ノ錬度、天下ニ恥ヂザル最期ナリ」でした。

これがGHQの検閲が解かれた後で出版された現行版では、「徳之島ノ北西二百浬ノ洋上、『大和』轟沈シテ巨体四裂ス　水深四百三十米　今ナオ埋没スル三千ノ骸《むくろ》。彼ラ終焉《しゅうえん》ノ胸中果シテ如何」となっています。

「見事な最期であった」という終わり方を、「海中に残っている人たちは、いったいどういう気持ちでいるんだろうか」と変えてしまったわけです。

この変更をめぐっては、のちに、たとえば、評論家の江藤淳は、これは吉田さんが占領期の間に戦後平和主義に毒された証拠であると批判的に論じています。私はそこまで言うのは気の毒だと思いますが。

ともかく『戦艦大和ノ最期』は、大和の最期を見事に描ききった、戦後最初の文学作品です。

自分たちだけが生き残ってしまった負い目

吉田さんは、戦後、日本銀行に勤める傍ら、評論活動を続けました。ちくま文庫の『吉田満文集』などは手に入りやすいので、一読することをお勧めしますが、彼が一貫して言っているのは、あの戦争がいったい何だったのかはよくわからない、ということです。

いい戦争だったのか悪い戦争だったのかもよくわからない。わからないけれども、自分たちはあそこであやって死んでいった仲間に対してどうしても負い目がある。自分たちは彼らの身代わりとして生き残ってしまっただけではないのか。

彼は仲間たちの死を「散華《さんげ》」と評します。もとは仏教の言葉です。『戦艦大和ノ最期』や戦後の評論には、死を目前にした乗組員たちの生々しいやりとりが描かれています。誰ももちろん死にたくはない。死にたくはないけれど、こうなったらしょうがない。確実にやってくる死を待ちながら、最後まで自らの死の意味を探し求める。あがきながらも決して納得できる答えにはたどり着かない若者たちの慟哭《どうこく》がここには描かれています。

そして、自分はただ身代わりとして、死者たちの言葉を戦後に伝えるために生き残った。あの戦争がいいとか悪いとかは別として、かくも多くの日本人が戦地へ送られ、地獄のような中で死んでいった。自分たちは、彼らに代わって、その後の日本がどうなっていくのかを見届けるために生き残ってしまった。これが彼のほとんどすべての評論に共通する基本的な論調です。彼はこのことを繰り返し書き続けました。

戦没学生は戦後日本に何を思うのか

では吉田満が見た戦後日本というのはいったいどのようなものだったのか。彼はそれに満足していたのか。

そのことについては、あまりはっきりと書かれたものがありません。戦後というものについて、吉田さんはとても複雑な感想を持っていたように見えます。ただ戦後の日本について、次のような興味深い文章があります。

自分は時々奇妙な幻覚に囚《とら》われる。戦没学生の亡霊が繁栄の頂点にある日本の街をさまよっている幻影を見る。

散華していった者たちが身を賭《と》して守ろうとした日本はいったいどうなったのか。彼らは今の日本を見て、嬉しいと思うのか、哀しいと思うのか。

彼らは日本の清らかさ、高さ、尊さ、美しさを実現するために死んでいくと覚悟を決めた。それらが今の日本で実現されているのかどうなのか。

このように書いた後、彼はさらに次のように続けます。

戦争で死んだ、自分と同世代の若者たちの亡霊は、今の日本を見て、これでこそ死んだ甲斐があったと、まずは歓声をあげるだろう。これでよかったと思うだろう。

しかし、もし彼らが、この豊かな自由と平和とそれを支える繁栄が、ただ自己中心主義的に、快適な生活を守るために、また保身のためだけに費やされていることを知ったらどうだろう。戦後の日本は、ひとかけらの人間らしさも与えられなかった戦時下よりも、もっと不毛であり、もっと不幸であると彼らは訴えるだろう。自分たちが切望した日本の清らかさ、高さ、尊さ、美しさはいったいどうなったのかと、彼らは問いかけるだろう。

戦後を彼らに「負って」いるわれわれ

これは、丸山さんが考えている戦後とはずいぶん違います。むろん、吉田さんも日本が戦争をしたことを「後悔」しています。しかし、それがそのまま、戦後民主主義や平和主義の賛美へとは向かいません。このようなことを書いている吉田満を、戦後平和主義者とは呼ぶわけにはいきません。

もちろん戦前がよかった、あの戦争はよかったなどと言っているわけではない。けれど、あの戦争を潜りぬけてきた者からすると、戦後日本の繁栄といささか能天気な平和をそのまま手放しでは賛美できない。彼はそう感じているわけです。

戦後日本は確かに繁栄したけれど、その繁栄の仕方は、あの戦争で死んでいった若い者たちが本当に望んだものにはなっていない。平和になったのはよいが、この平和は本当に覚悟を持って緊張を持って支えられているものではない。

若くして死んでいった者たちに対して、自分はどうしようもない負い目を負っている。これが吉田満の感想ですが、それは彼によれば、戦後の民主主義や平和や繁栄が、どうしてもどこか偽物《にせもの》、もっと言えば、自己利益と保身の産物という、ある卑《いや》しさによって成り立っているからです。戦後の日本人の多くは、この感覚を持っているのではないかと思います。私はこれを、丸山の「悔恨の共同体」に対して、「負い目の共同体」と呼びたい。

戦争で死ぬというのは、大変なことです。戦後のわれわれには想像のつかないことです。『硫黄島からの手紙』という映画を御覧になったでしょうか。映画として私はあまりいい映画だとは思わないのですが、そこでアメリカ側から描かれていた硫黄島の戦いは、やはり凄まじかった。むろん、実際の戦闘は映像になるようなものではないのですが。

私は硫黄島には行ったことがありませんが、彼らが掘った塹壕《ざんごう》は、本当に狭かったらしいです。腰をかがめてようやく通っていけるぐらいの狭さだったそうで、しかも中の温度は平均して五十度近くになる。その中で一カ月も持ち堪《こた》える。最後はアメリカ軍が穴をめがけて火炎放射器を向ける。

とても戦闘とは呼べない、逃れることもできない状況で、二十歳にも満たない若者たちが次々と死んでいきました。このような体験をし、生き残った人なら、戦争の意味づけ云々以前に、生き残ったことに何か「負い目」を感じざるを得ない。

その「負い目」を少し拡張していえば、このおびただしい悲惨な死の上に能天気に繁栄を謳歌しているわれわれの、彼らに対する「負い目」ということになるのではないでしょうか。確かに、われわれは戦後を彼らに「負って」いるわけです。しかし、そのことをいつも追想しておれば、このような無残な戦後にはならなかったのではないでしょうか。

「悔恨の共同体」か「負い目の共同体」か

ここまでの話をまとめると、「戦後」に対しては、二つの見方があるということです。

一つは丸山さんのような、公式的な戦後民主主義、平和主義の立場からの見方。あの間違った戦争を食い止めることができなかったという「悔恨の共同体」が、戦後日本の共通了解であるという考え方です。左翼的な考え方と言っていい。

もう一つは、吉田満に示されるように、あの戦争がよかったのか悪かったのかはともかくとして、そこで死んでいった若者たちに、われわれは非常に多くの何かを負っている、という「負い目の共同体」という考え方です。

それは今さらどうしようもない。しかし、戦後日本の繁栄を見るときに、手放しでそれを享受するのではなく、彼らの死に値するだけのものをつくり上げているのかどうかという自問自答がなければならない。こういう見方です。

私自身は明らかに後者のほうに立ちたい。丸山さん的な「悔恨の共同体」は、あまり意味のあるものだとは思えません。

四 「あの戦争」をめぐる歴史観

世界の民主主義を守るという口実

あの戦争が正義にかなっていたのか、それとも誤りだったのか。これは戦後、何度となく繰り返されてきた問いで、この対立が右と左を区別するものとなってきました。ともかくそこには大きな断層がありました。

丸山さんの立場は、日本はただ戦争をしただけではなく、間違った戦争をしたという前提から出発する。これは左翼・進歩主義者の基本的な立場です。

ではあの戦争は間違っていたという発想はいったいどこから来るのか。少なくとも、当時の日本人の大多数は、あの戦争が侵略戦争で誤ったものだなどという意識は持っていませんでした。

ではそれはどこから来たかと言えば、最初は一九四三年のカイロ宣言であり、続いて四五年のポツダム宣言です。それから東京裁判、GHQの占領政策、サン・フランシスコ条約へと続く流れの中で、あの戦争は日本が引き起こした間違った戦争であるという考え方が定着していきます。つまり、日本はただ戦争を起こして敗れただけではなく、道徳的に誤った戦争を意図して画策した、というのです。

カイロ宣言やポツダム宣言以前には、一部の共産主義者や社会主義者による、「これは資本主義社会における帝国主義的政策が引き起こした戦争である」という批判は別として、「間違った戦争」であるという認識はほとんど提起されていません。

しかし、英米は、一九四一年の大西洋憲章や一九四二年の連合国共同宣言において、この戦争が、ヒトラーの侵略を阻止するための戦争であることを明示します。それが、カイロ宣言やポツダム宣言において、ドイツとの同盟国である日本にも拡張されたわけです。

以後、あの戦争は、単に力の強い者が力の弱い者に勝利した戦争ではなくなりました。日本は力が弱いから負けたのではなく、力の弱い者が間違った戦争をやったから負けたのである、という解釈ができあがってしまった。この流れを主導したのは、言うまでもなくアメリカです。

ここには一つの事情があります。アメリカは明らかに一つの歴史観を持って、あの戦争に臨みました。それは、ファシズム対民主主義の戦いという、戦争観であり、歴史観です。

アメリカは直接ドイツによる攻撃を受けたわけではなく、侵略されてもいません。にもかかわらず、イギリスなどを支援するために、一九四一年に対独戦に参戦します。ではその名目は何か。当然、自国の防衛というわけにはいかないため、世界の自由や民主主義を守るための戦いという名目が持ち出されます。

実は、対独戦の直前に日本が真珠湾を攻撃します。これはアメリカにとっては好都合でした。対日戦については、自国の防衛であり、報復という名目が十分に成り立ちます。

しかし、アメリカは対日戦と対独戦を一連のものとして、ファシズム対自由と民主主義の戦争としたのです。

もとはと言えば、自由と民主主義のための戦争という名目は、一九一四年に始まった第一次大戦においてウィルソン大統領が採用したものでした。

このときにも、アメリカはなかなかヨーロッパの戦争に参戦しなかった。イギリスの客船がドイツの潜水艦によって攻撃され、多数のアメリカ人犠牲者が出たときにも容易に参戦しようとしませんでした。そして結局、アメリカはヨーロッパ、特にイギリスを支援するために、世界の民主主義を守るという口実をもうけて一九一七年に参戦したのでした。

ポツダム宣言には、世界制覇を目指す独裁国家に対してわれわれは手心を加えない、民主主義のために最後まで戦うと記されています。カイロ宣言にはすでに、日本に無条件降伏を要求する、と書かれています。

それを踏まえて、ポツダム宣言では、日本から危険な軍国主義を追放し、反民主的な勢力を追放しなければならない、そのためにわれわれは無条件降伏を要求する、と続きます。これはまさにアメリカの歴史観そのものです。

曖昧な「無条件降伏」の意味

ただ、無条件降伏については少し複雑な事情があります。

ポツダム宣言では、いわゆる無条件降伏は、military unconditional surrender とあります。正確に訳せば「軍事的無条件降伏」です。

ここは議論が分かれるのですが、少なくともポツダム宣言に書かれていることをそのまま読めば、日本が要求されているのは、あくまで軍隊の無条件降伏であって、無条件の武装解除です。日本の政府や国民が身ぐるみ剝《は》がれて、すべてアメリカに従属します、というような国家の無条件降伏ではない。

カイロ宣言では、ただ無条件降伏、unconditional surrender となっていますが、これはあくまで宣言で、日本国に対する要求ではありません。

ポツダム宣言の受諾をめぐって、日本政府は、アメリカに、unconditional surrender とはどのような意味なのかを問い質《ただ》します。

日本国政府としては、唯一最後の砦《とりで》として、天皇制だけは守りたい。すなわち「国体」だけは守りたい。unconditional surrender に天皇制の放棄も含まれるのであれば、日本としてはとても受け入れることはできないわけです。

しかしアメリカは日本からの問い合わせに対し、曖昧な答えしか寄越しません。「無条件の降伏である」としか言わない。

ただ、どうやら天皇制は残してくれるらしいという感触は伝わってきた。そこで日本はポツダム宣言の受諾を決めます。しかも最後は天皇自ら、自分はどうなっても構わないからポツダム宣言を受諾する、と聖断をくだします。戦争の終結はここで決定的になるわけです。

最初から意図されていた「体制転換」

九月二日の「降伏調印文書」においても、やはり「日本国軍隊の無条件降伏」となっているのですが、結局、その後も military unconditional surrender が何を意味するのか曖昧なままでした。

しかし、占領政策の開始にあたって、GHQは、軍隊の武装解除にとどまらない、日本国全体の無条件降伏であるという構えで、日本に進駐してきます。

これは、一見、なし崩し的に無条件降伏に移行したようにも見えます。しかし、アメリカの論理からすると、最初から military unconditional surrender で収まるはずがなかったのです。

なぜならアメリカは、この戦争そのものを、民主主義に対する道徳的侵犯として捉えているからです。ドイツはヒトラーという独裁者を担いだ。日本は天皇制の下で独特の軍事国家をつくり上げ、アジア支配を企んだ。これらはいずれも民主主義に対する挑戦であり、道徳的過誤である、というのがアメリカの見方でした。

それを正すための占領政策ですから、日本の政府がそのままの形で残ることはありえない。日本の国の形そのものを変えてしまわなければいけない。今で言う「体制転換（レジーム・チェンジ）」の要求です。

だから、アメリカは、ポツダム宣言において、無条件降伏という言葉を用いた時点で、当然、日本の国体を変えることを前提にしていたのだと思います。

日本の主権は剥奪された

ただし、戦勝国が敗戦国の国の形を変える、あるいは、憲法を変えることは、当時でも国際法違反でした。

国際法は、国家主権を一応の建前にしています。憲法や国体は、国の主権の行使に属することです。戦争に勝った国といえども、相手の国の憲法や国の形を大きく変えることは、原則的にはあってはならない。

したがって、実は、アメリカの「日本占領に関する初期対日方針」という占領政策の基本文書においても、次のようなことが書かれているのです。

アメリカは、日本がアメリカの目的にかなうような、平和的で責任ある、民主的政府を樹立することを希望する。しかし、日本の政府の形態は、日本の国民の意志に従うべきであり、いかなる政治形態も日本国に強要することはできない。

対日占領方針に示されたこの考えは、「ポツダム宣言」にある次の文言に従ったものでした。

「前記諸目的（軍事力の解除、民主化など）が達成され、かつ日本国民の自由に表明せる意思に従い、平和的傾向を有し、かつ責任ある政府が樹立せらるるにおいては、連合国は、ただちに日本国より撤収せらるべし」

ここでは、アメリカは、日本政府の形態、つまり「国体」は、日本国民の自由な意思による、と言っているわけです。

では、アメリカは本当のところ何を考えていたのか。

これは私見ですが、アメリカは、戦勝国が敗戦国の国家体制まで変えることは国際法違反であることを承知しており、ポツダム宣言ではあえてmilitary unconditional surrenderという言葉を用いたのではないでしょうか。

表向きは軍隊の無条件武装解除を要求するだけと言いながら、当初から、国家体制の変更を目論んでいた。アメリカは「民主主義」と「平和的傾向」を有する国家でなければ国として認められない。ゆえに日本が「民主的で平和的傾向を持った国家」になることを日本の国民に選択させる必要があった。この役割を担ったのが占領政策だったわけです。

そして、実際の占領政策に入ったとき、アメリカは何くわぬ顔をして、日本の国体の変更を実行に移していったわけです。

九月二日のミズーリ号における降伏調印文書では、日本の国家主権はGHQの下に従属する、とあります。ここではsubject toという言葉が使われています。

日本語の文書では、ここは「日本の主権が制限される」となっており、「従属する」というようなはっきりとした表現になっていません。しかし、英文の元の言葉は subject to なので、日本の主権が認められていないのは明らかです。主権はＧＨＱに移行したのです。

したがって、日本国の政治形態は日本国民の自由に表明せられたる意思による、と言いながら、実は、占領政策によって、日本の主権は剝奪されてしまったのです。

日本国憲法の二重構造

ここで真に問題となるのは憲法です。憲法こそが「国体」を示すものだからです。よく、戦後憲法は「押しつけ」だからよくないとか、あるいは、日本国民も賛同したのだから「押しつけ」ではない、といった議論がありますが、あまり生産的とは思われません。「押しつけ」だからよくないとか、「押しつけ」ではないからよい、というようなことではない。

根本的に問題なのは、いったい、主権を剝奪された国家が、いずれの形であれ憲法を持つことはできるのか、ということにあります。

憲法は、それによって主権を定義する文書であると同時に、何らかの予定された主権によって構成されるものです。しかし、日本に主権がなければ、そもそも憲法を持ちようがないのではないでしょうか。

アメリカは二枚舌で、そのあたりをうまくごまかしました。

ポツダム宣言や初期対日占領政策文書においては、日本の政治形態は日本国民の自由意思にゆだねるとしながら、他方で、降伏調印文書では、日本の主権はGHQに属するとしています。

この二重構造が憲法にも生かされており、形式上は、明治憲法の改正手続きを踏んで、日本国民の自由な意思において成立したように見せながら、実質的には、GHQがつくり上げたものとなっているのです。

繰り返しになりますが、あの戦争は、民主主義対反民主的な軍事勢力との戦いだとアメリカはみなしました。

アメリカが参戦したのは、自国の利益のためではなく、正義を実現するためである。アメリカの勝利は、単なる一国の勝利ではなく、普遍的な正義の勝利である。

そこにあるのは、歴史とは「悪」と「正義」の戦いの巨大な舞台である、という観念です。これがあの戦争についてのアメリカの「歴史観」なのです。

アメリカ的歴史観に支配された東京裁判

そして占領政策だけでなく、東京裁判も、アメリカ的歴史観の下で遂行されました。

よく言われるように、東京裁判にはいろいろな問題があります。国際法的見地からすれば、これはとても妥当な裁判とは言えません。

たとえば、広島・長崎への原爆投下や、東京大空襲のような、アメリカがやった数十万人レベルの大量殺戮《さつりく》は一切問われていません。もし「人道に対する罪」と言うなら、明らかにアメリカの爆撃がそれにあたります。

ニュールンベルクで新たに使われた「平和への罪」や「人道への罪」を東京裁判に適用できるのかどうかも、決して自明なものではありません。

しかしアメリカ側からすれば、東京裁判もまた、日本の道徳的間違いを正すのが目的でした。そこで戦勝国であり正義の国であるアメリカの戦争犯罪が問題になるはずがない。

もちろん東京裁判はあくまで裁判であり、形式上は道徳観や歴史観を争うものではありません。

しかし、東京裁判の法的根拠は、マッカーサーの指令にあります。すなわち、東京裁判そのものが占領政策の一環として行われている。

またポツダム宣言の中には、この戦争を起こした戦争犯罪人たちは処罰されるべきであると書かれており、これも根拠になっています。したがって、この裁判にはアメリカの歴史観や戦争観が色濃く反映している。

占領政策も東京裁判も、アメリカが日本の侵略行為を道徳的に断罪したものでした。つまり、すべてはアメリカの歴史観の下で行われる懲罰だったと言ってよいでしょう。

B級戦犯・岡田中将の言い分

二〇〇八年の春に小泉堯史監督の『明日への遺言』という映画が公開されました。主人公は、藤田まこと演じる、東海軍司令官の岡田資《たすく》中将という実在の人物です。

名古屋の大空襲の際、米軍戦闘機の搭乗員二十数名が捕虜になります。岡田中将は非常に簡単な裁判手続きで、彼ら全員を処刑します。

それが戦争犯罪であるとして、岡田中将はB級戦犯となり、東京裁判で裁かれます。映画はこのときの法廷の記録を忠実に再現していく。映画全体の三分の二は法廷でのやりとりのシーンから構成されていました。

そもそもアメリカの名古屋空襲自体が国際法に違反したものである。だからわれわれは、略式ではあるが捕虜を軍事法廷にかけ、国際法の違反者として処刑を行った。これは法的手続きに則った行為であり、われわれの側に落ち度はない。

このことを問題にするのであれば、まずアメリカの名古屋空襲が国際法違反であるかないかが裁判の争点になるべきである。これが岡田中将の言い分です。

映画の中で、裁判官は、岡田中将の言い分がもっともであることを理解しています。アメリカの検察官も岡田中将の言っていることが正しいとわかっている。アメリカの名古屋空襲は一般人民に対する無差別殺戮であり、明らかに国際法違反でした。

しかし裁判の場でそんなことはとても認められない。名古屋空襲の指令を下した形式上の最終的な責任者はアメリカ合衆国大統領です。名古屋空襲を争点にするなら、アメリカ合衆国大統領を戦犯として連れてこい、ということになってしまいます。

そこで結局、岡田中将が行った略式裁判が合法的だったかどうかだけを争点にせざるをえない。そうすると、岡田中将の裁判自体も手続的に無理のあるものだったために、岡田中将の行為は捕虜虐待の国際法違反になってしまう。

興味深いのはその後です。裁判官は、岡田中将という人物をとても気に入ってしまう。彼としては岡田中将をなんとか無罪にしたい。そこで彼は、岡田中将に、おまえは捕虜を国際法違反で処刑したのではなくて、あくまで戦闘行為の一環として殺したのではないか、と持ちかけるのです。

戦闘行為であれば、殺された側が殺した側に対して行う報復は、国際法違反ではありません。そこで、おまえは殺された者に対する報復をするために、彼らを殺したのだろうと問いかけるわけです。

しかし岡田中将は、それを否定します。自分はあくまでアメリカの国際法違反に対し、正義をもって裁判を行い、処刑したのだ、と主張するのです。

これは正論です。しかし、東京裁判の場ではとても通用しない。結局、岡田中将には絞首刑の判決が下されることとなる。これが映画のあらすじです。

全体的にとても抑制がきいた演出で、正直言って、映画の作りがいささか地味すぎるという印象があるのですが、しかし、話としてはなかなか考えさせられます。

サン・フランシスコ条約に記されていないこと

いずれにせよ、東京裁判には、アメリカの歴史観がその背景にありました。岡田中将のような主張が、少しでもまともに取り上げられることがあれば、その歴史観は果たして正しいのかが問題になったはずなのですが、そのようなことは一切ありませんでした。

さらに厄介なのは、日本がサン・フランシスコ条約でアメリカの歴史観を受け入れたとみなされていることです。

一九五一年に結ばれたサン・フランシスコ条約をもって、日本は国際社会に復帰し、GHQの占領政策が終わります。ついでながら、この条約において、連合国は日本国の完全な主権を承認する、と書かれていますから、やはり、占領期には日本に主権はなかった、ということなのです。

さて、サン・フランシスコ条約の第一一条には、「日本国は、極東国際軍事裁判所ならびに日本国内および国外の他の連合国戦争犯罪法廷の裁判を受諾し、かつ、日本国で拘禁されている日本国民にこれらの法廷が課した刑を執行するものとする」と書かれています。

「日本国は……裁判を受諾し」の部分の英語の原文は、"Japan accepts the judgments of International Military Tribunal……"です。

judgmentsをacceptするとは、裁判の「諸判決」を受け入れるということでしょう。

通常、このような政治的な裁判の場合、裁判の結果をどのような形で利用するかは、主権国家の決定権に属します。時の政府の判断で政治犯を放免することも、いくらでもあります。

東京裁判で絞首刑判決が下されたA級戦犯を本当に処刑するか、恩赦などで放免するかは、本来であれば、日本政府の権限で決めることができたはずなのです。

しかし、サン・フランシスコ条約ではこの決定権が認められず、judgmentsの履行《りこう》まで義務づけられたというのが、この条項の意味なのです。

第一一条で定めているのは、あくまで裁判の諸判決の受け入れにすぎません。東京裁判の全体の立場なり、東京裁判を支えている歴史観を受け入れたわけでは、毛頭ない。

にもかかわらず、日本は、アメリカの歴史観を全面的に受け入れ、あの戦争は道徳的に間違った侵略戦争であると認めたことになってしまいました。

諸外国がそのようにみなしただけでなく、日本自らもそのようにみなしてしまった。「何となく」そうなってしまったのです。

日本の国際社会への復帰は、その前提の下で果たされました。この条約のどこにもそんなことは書かれていないのに、戦争についての解釈を戦中から一八〇度変えて、アメリカの歴史観をまったく受け入れた上で、道徳的な過誤を認める形で国際社会に復帰してしまったのです。

戦争の意味づけを自ら放棄

このことが、現在に至るまで、様々な問題を引き起こしていることは言うまでもありません。確かにサン・フランシスコ条約の受け入れ方にはまずいところがありました。だとしても、条約締結後、日本は主権を回復したのですから、憲法改正をすることも、もう一度裁判を開くことも可能でした。

日本人なりに、あの戦争の意味づけや解釈や批判的な検討もすべきだったのです。天皇に責任があるというなら、そのことの意味を日本人自らが論じるべきだったのです。

しかし日本人は一切そのようなことをしませんでした。民主主義対ファシズムというアメリカの歴史観をそっくり受け入れ、自分たちは道徳的に間違っていたと自ら認めてしまった。占領期という特異な期間をそのまま承認してしまったのです。その特異な産物である憲法もそのまま認めてしまった。

それどころか、いわゆる進歩的知識人も、保守系の政治家も、一九四五年の八月十五日を期して、日本は民主的な平和国家に生まれ変わった、と言い出したのです。日本はアメリカが言うように、ドイツと同様のファシズムでも、また意図的な世界制覇をめざした侵略国家でもなかったにもかかわらず、自分たちでそうだと思い込んでしまった。そのことが現在でもわれわれの上に、非常に重たくのしかかっています。

五 近代化という悲哀

福澤諭吉『文明論之概略』のテーマ

ここまで歴史観の話をしてきました。本章の最後に、この歴史観を、もう少し大きな枠の中で捉えてみたいと思います。その上であらためて、戦争や愛国心について論じてみましょう。それは結局、日本の近代化をどう考えるのかという問いに行きつきます。

私自身は、大雑把に言って、あの戦争は日本にとっては不可避のものであったと考えています。

むろん、もっと適切な政治判断や決断によって回避できた、と言うことも可能でしょう。議会が強ければ、軍部の独走を食い止められたはずだ、と言うこともできます。国連脱退や日英同盟の放棄も避けえたはずだ、と言うこともできるでしょう。

しかし、ここで言っているのは、そうした一つ一つの具体的なことではなく、もっと大きな流れであり、さらに端的に言えば、簡単な論理の問題です。

そのことをはっきりと示しているのは、実は、福澤諭吉です。『文明論之概略』という福澤の名著があります。一言で要約すれば、日本が独立を保つためにはどうすればいいのかが、この本のテーマでした。

当時は西洋列強が勢力を拡大し、アジア諸国を植民地化していた時代でした。中国もアヘン戦争に負けて、いくつかの都市が租借地として植民地化されました。

このような状況の中で、日本が独立国として生き残るためには、いったい何が必要か。いかなる方針を立てるべきか。彼は『文明論之概略』を書くことで、それを広く世に問おうとしたのです。

西洋化はあくまで日本の独立を保つため

独立を保つためには、西洋並みの近代国家にならなければならない。これが彼の基本的な考えです。

ヨーロッパはどうしてこれほど強いのか。それは、文明を発展させているからである。文明には、未開・半開・文明という三つの段階がある。日本はまだ半開に移行したぐらいのところにいる。西洋は文明国である。では文明国とはいったい何なのか。

ここで彼は二つの重要な条件を挙げます。

一つは近代的な制度ができあがっていることです。民主主義的な議会がある。鉄道網のような交通が発達している。新聞のようなマスメディアが発達している。

そうした環境では、人々が自由に言いたいことを言い、コミュニケーションが活発に行われる。「人間交際が繁多」になる。そうすれば、そこから生き生きとしたエネルギーが出てくる。このエネルギーが力となり、文明を発展させると、彼は言います。

もう一つは、「人民の気風」です。

人民の気風とは、自分たちの国の独立を守るために、国に奉仕しよう、自分たちの国を自分たちの力で文明化しようという報国心です。福澤は愛国心という言葉を使わないのですが、愛国心と言ってもよいでしょう。

日本が西洋と互角に戦っていくためには、つまり日本が植民地にならずに独立国として存在し続けるためには、日本も西洋並みの文明国にならなければならない。

そのために、議会制、言論の自由、産業革命といった、近代的制度を導入する必要がある。

しかし、それは決して西洋の模倣ではなく、また、日本を西洋のような国にするためではない。

それはあくまで日本の独立のためなのであって、西洋文明がすぐれているから無条件に受け入れろと言っているわけではない。そこには、自分たちの手で自分たちの独立を守ろうとする人民の気風、愛国心がなければならないのです。

福澤は決して西洋主義者ではありません。単に追随や模倣でよしとする人を、彼は「欧化主義者」や「心酔者流」と呼んで批判しています。日本が独立を保つことが最も重要なのであって、日本は、今この時点では西洋的なものを受け入れることが必要だ、と言っているだけです。彼はこの点を繰り返し強調しています。

「脱亜入欧」論の真意

彼の主張は非常に筋の通ったものと言えるでしょう。現実的でもあります。しかし、だとすると、次にかなりやっかいな問題が起きてくるのです。

もし日本が、西洋的な議会制度を取り入れ、西洋的な考え方を受け入れ、西洋的な国になった、つまりある程度近代化に成功したとします。

そうすると、日本は、当然、西洋列強と同様の振る舞いをすることになる。すなわち、日本は西洋列強と同じようにアジアを植民地化することになる。そしてその前に、まずアジアとは手を切る。これが有名な「脱亜入欧」論です。

福澤は、もともとは朝鮮に対してとても好意的でした。朝鮮からの最初の留学生を慶應義塾で引き受けていますし、様々な援助もしている。朝鮮はシナから独立すべきであると強く訴えて、朝鮮独立運動も積極的に支援します。

しかし、ある段階から、彼は完全にそれをあきらめてしまうのです。朝鮮には、まだ「人民の気風」が育っていない。だから朝鮮は独立できない。

そして彼は、掌を返したように、日本が朝鮮を占領して、朝鮮を指導すべきである、という論調に転じるのです。その結果、福澤は、伊藤博文、東條英機とならぶ日本の三悪人として、今でも韓国で非常に嫌われているようです。

彼の論理からすれば、朝鮮の植民地化はやむをえないことでした。最初はとても期待したけれど、文明のレベルが追いつかないのだからしかたがない。文明国が、文明の遅れた国を支配するのは当然のことである。それを避けるには自ら文明国になるほかないのです。

いいか悪いかの問題ではなく、今の国際社会はそうなっていることを、われわれは認めなければならない。「弱肉強食」こそが今日の国際社会の実相だと言うのです。文明が素晴らしいと言っているのではない、文明国にならなければ、独立を保つだけのエネルギーが出てこないのだ、というわけです。

その帰結が、日本はアジアの一員として自己規定するのではなく、ヨーロッパ型の国としてアジアに対峙《たいじ》すべきだ、ということになります。

戦争は近代日本の宿命だった

福澤諭吉が唱えた路線は、明治政府の路線でもありました。さらに言えば、近代日本が、どうしても取らざるをえなかった道でした。あのとき、日本が近代化を目指さず、文明開化も殖産興業も何もしなかったら、福澤が危惧したように、日本は植民地になっていたでしょう。

しかし、日本が西洋型の近代国家になることは、日本が西洋列強と同様に、アジアを植民地化する権利を持つことを意味します。そしてその権益を巡っては、当然、西洋列強との衝突が生じます。

したがって、福澤は、日本が近代化路線を取り続けるなら、最後は戦争になると書いています。自分は好戦論者ではない。別に戦争を勧めているわけではない。しかし、最終的には戦争になると覚悟を決めておく必要はある。彼はそのように言います。

実際その半世紀後には、日本は中国北部を植民地化しようとして大陸に進出し、アメリカ・イギリス・オランダと衝突して戦争に至ります。福澤の予言をそのまま絵に描いたような動きと言ってよいでしょう。

これは、福澤の予言が正しかったというよりも、近代日本のどうにもならない大きな流れだったのだと私は思います。近代日本の宿命と言ってもいい。

もちろんだからと言って、すべては決まっていたなどという運命論を取るつもりはありません。その中で、もう少しうまくできただろうとか、回避できたはずだということはいくらでも言えます。日本がどこで間違えたのか、一つ一つ検討することもできる。

しかしもっと大きな流れとして、近代日本が独立国の地位を保つには、西洋的な文明を取り入れ、西洋列強の仲間入りするしか道はなかった。その結果、彼らと衝突せざるをえなかった。価値判断は別として、近代日本の歴史を考えるにあたっては、基本的にその認識から出発するしかないのではないでしょうか。

中国との戦争も、どう考えても、自衛のための戦争とは言えないし、解放のための戦争とも言えない。意図や状況はどうあれ、中国中心部への侵攻そのものは侵略としか言いようがないと思います。しかし、侵略戦争だから間違っていたとか、また侵略の意図はなかった、といっても、この大きな流れからすれば、あまり意味がない。

日本が近代化することの悲劇、宿命、無念さ。われわれがまず考えるべきは、その部分ではないかと思うのです。

夏目漱石が抱いていた危機感

そして、日本の近代化は、もう一つ大きなジレンマを孕んでいます。それも簡単な論理です。しかし、その内実はかなり困った問題を含んでいる。

それは、近代国家として日本が西洋化すればするほど、日本的なものが失われていくということです。

自由主義や民主主義を普遍的な価値として受け入れる。西洋の科学や技術を受け入れる。西洋的な議会制度や言論の自由や人権思想が浸透してゆく。そうすると、本来の日本的精神は希薄化され、何かが消えていく感覚に襲われるようになります。

このことを最も深刻に表現したのは多くの文学者ですが、夏目漱石もその典型的な一人でした。彼は、イギリス留学から帰国後の講演で、日本の文明開化を強く批判します。

文明開化には、外発的開化と内発的開化の二つの方法がある。今の日本は、西洋を真似して西洋のものを取り入れて、西洋並みになろうとしている。西洋的なものの圧倒的な影響の下で文明開化を行っている。これはあくまで外発的開化であって、このような開化の方向は実は間違っている。

なぜなら、外発的開化では、日本人の精神性が失われてゆくからで、いつのまにかセルフ・アイデンティティが失われてしまうからです。日本とはいったい何なのかわからなくなる。これを突き詰めていくと、福澤が言うところの「人民の気風」も失われる。日本人が西洋人になってしまいます。

もともと英文学をやっていた漱石だからこそ、これは彼自身の実感だったのでしょう。ここで漱石は、日本独自のやり方で少しずつ進歩する「内発的開化」に期待しますが、ただ彼が、具体的なありようとしてどのようなことをイメージしていたのかは、よくわかりません。「個人主義」と言ってみたり、「則天去私」と言ってみたり、最後まで安心の境地には達しませんでした。

萩原朔太郎を襲った喪失感

日本が西洋列強並みに強くなればなるほど、日本人の精神性が無と化していく。日本的なものが崩壊していく。詩人の萩原朔太郎も、この感覚を強く捉えた一人でした。

彼は前橋の富裕な医者の家に生まれ、幼い頃から西洋音楽が好きで、西洋文明に強く憧れ、いわば西洋型のインテリになりたいと考えていた。

しかし、ある頃から、西洋的なものを真似すればするほど、自分たちが精神的に荒廃すると感じるようになります。そのときの思いを綴《つづ》ったのが、有名な『日本への回帰』や『帰郷者』と題する随筆集です。

自分は西洋風に生活をし、西洋的知識を身につけようとした。それは「近代」への憧れだったのです。しかし、結局、自分は日本人であることを意識せざるをえず、自分の育ってきた土壌から離れることはできない。

それで、自分はもう一度日本に戻ってきて、日本の伝統、日本的なるもの、日本の素晴らしいものを発見しようとした。

けれど、時すでに遅すぎた。都会は完全に西洋化され、ビルが立ち並び、日本的な美はもう、ほとんどどこにも残っていない。日本に回帰しようと思ったけれど、日本はほとんど荒廃の極みに達している。

『日本への回帰』は、このような悲壮なまでの喪失感に溢《あふ》れています。この本が出版されたのは一九三八年、戦争に入る直前です。当時の日本人には、このような心情が強くあったのではないでしょうか。

日本的精神の核には「滅びの美学」がある

しかし、どうして、このような崩壊感覚、喪失感が多くの人々、とりわけ知識人の心を打ったのでしょうか。

むろん、一つは、戦争の予感を孕んだ不安な時代のせいでしょう。しかし私にはどうもそれだけではないように思えるのです。私が思うのは、次のようなことです。

すなわち、このような一種の崩壊感覚、日本的なものが崩壊して自分たちの純粋さが失われていく感覚は、実はそれ自体が、日本的精神の中に組み込まれていたのではないでしょうか。

このことを最も典型的に表現したのは、保田《やすだ》與重郎《よじゅうろう》でした。戦前の日本を代表する文芸評論家です。

日本浪曼派の中心人物で、非常に多くの人が彼の影響を受けています。しかし、戦争を煽《あお》ったということで、戦後は一種の思想的戦犯であるかのようにみなされ、文壇からほぼ完全に追放されてしまう。戦前と戦後で、同一人物の評価がここまで変わってしまうのは、恐ろしいことです。

彼の代表作に戦中の一九四二年に出版された『万葉集の精神――その成立と大伴家持』という本があります。

当時、戦地に赴《おもむ》く若者、特攻に行く若者の間で最も読まれていたのは『万葉集』だと言われていますが、万葉集を持って戦場に行くというのは、当時の青年の一つの典型的な姿でした。保田はそのような若い人たちにも、非常に強い影響を与えたのです。

『万葉集の精神』では、大伴家持を筆頭とする大伴一族が藤原氏の陰謀によって没落し、滅びていく様子が描かれています。

保田は『万葉集』をそのような滅びの美学として読もうと言います。大伴家持は、天皇を敬愛し、天皇のために働き、天皇のために死んでいくことも厭わない、極めて純粋な精神の持ち主でした。保田はそこにこそ、日本人の最も美しい精神が表れていると言うのです。

日本人の最も美しい精神は、陰謀や権力や様々な政治的駆け引きによって汚されて滅んでいく。滅んでいくけれども、日本人はそれに対して、深い愛着や美学を感じ、何とも言いようのない共感を覚える。

それもまた日本人の美しい精神である。その日本的精神を最もよく表現しているのが万葉集である。だから日本人は、万葉集の精神に立ち戻らなくてはいけない。『万葉集の精神』で、保田はこのように訴えました。

このような感覚は、日本人の中に、確かに根強く存在するのではないでしょうか。純粋で、清らかで、何かのために尽くそうとする。つまり「無私」です。自分を無にする。「万葉集の精神」と呼ぶにせよ何にせよ、ここで保田が描こうとしたものは、彼の考える「日本的な精神」そのものでした。

そしてこのような純粋さは、現実的な権力政治の中では、無力であるほかない。日本的精神は、どうやっても滅んでいく。最初から滅ぶように宿命づけられていると言ってもいい。大事なのはその滅び方です。吉田満は「散華」と言った。滅びの美しさも、日本的精神の核にあるものです。

戦時下で、この考え方は、当時の若い人たちの魂を打ったことは十分に想像できるでしょう。保田が若い人に読まれたのは、とてもよくわかります。

自分は日本の精神に殉《じゅん》じて死んでゆく。こうやって死んでいくこと自体が、日本の精神の表れなのだ。戦場に行くことを自らに納得させるには、この理屈しかなかったのではないでしょうか。

「悲哀」を突き詰めると「無」に至る

日本的精神なるものを、まったく別の形で表現したのは京都学派の哲学、西田哲学でした。西田幾多郎は、悲劇的な人生を送った人です。彼自身、長く不遇のときを過ごしましたし、私生活においても、息子を三高に入ってすぐ病気で亡くしたり、長く奥さんの病気の看護にあたったりしています。

「哲学の動機は人生の悲しみにある」とは西田の有名な言葉ですが、確かに、西田哲学には、あの独特の晦渋《かいじゅう》さと同時に、何かあきらめを含んだ悲壮な調子が漂っているようにも思われます。

西田の弟子だった三木清は、西田を評して、どこかに闇と運命とデーモンを持った人だ、と言っていますが、確かにそうだったのかもしれません。

そういうわけで、西田哲学は「悲哀の哲学」とよく言われます。これは確かに彼自身の人生経験から生まれたものであることは間違いないでしょう。しかし、どうもそれだけではなく、同時に、日本的精神の核にある悲しみの感覚を写し取ったものでもあるように思われるのです。

さらに西田哲学は、戦争へと突き進んでいく当時の日本の状況を、ある意味で反映していたのだとも思います。「ある意味で」と言ったのは、表面上は、「鬼畜米英」や「大日本帝国万歳」といった威勢のよい言葉に満ち溢れた時代状況にあって、西田や彼に共感する者たちは、おそらくは言いようのない不安や危機感を覚えていただろうからです。

では、その悲しみを支えるものは何か。あるいは、その悲哀を突き詰めてゆくとどこへいくのか。それは第三章でも述べた「無」の概念ではないでしょうか。

西田哲学には、「純粋経験」とか、「場所の論理」とか「絶対矛盾的自己同一」とか、わかりにくい独特の言葉があるのですが、「無の思想」を表す「絶対無」という概念も、また格別にわかりにくいものです。

これはやはり、基本的には独自の哲学用語であって、あまり適当にこちらの都合に合わせて解釈するわけにはいきません。しかしそのような哲学的議論は別にして、ここには、日本的精神と言うべきものが背景をなしていると見ていいでしょう。

「無」に対立するものは「有」です。西洋の思想は基本的に「有」を軸にしています。「有」とは「存在」です。西洋では、物事が「存在」することが前提となっていますし、「存在」することの意味を、常に問題としてきました。おそらくここには、「最高の存在」と言うべき

「神」が前提となっていると考えてよいでしょう。

「神」という「絶対的存在」があるからこそ、すべての「存在」が「神」によって創り出され、意味をもって「在る」わけです。

しかし逆に言えば、もしも「神」という「絶対的存在」が信じられなくなってしまうと、すべての「存在」に根拠がなくなります。実際、第三章でも述べたように、二十世紀初頭に西洋はそのような状態に陥ってしまいます。すなわちニヒリズムです。

他方、日本の精神はこれとはまったく違います。

たとえば、子どもに死なれる体験は非常に辛いことです。まったく理不尽で、どうしても納得しがたい。だから、人はそこに何かの意味を求めようとする。この理不尽なことには、何か、人間には計り知れない意味があるのではないか、と考えてしまいます。

西洋人は、ここには「神」の隠された意図があるのだろう、と考えます。「神」が人に与えた試練だと解釈したりするわけです。そうすることによって、「子どもの死」という耐えがたい出来事、つまり「存在」に意味を与えるわけです。

しかし、日本ではそうは考えません。そんなことには隠された意図も格別な意味もない。この耐えがたい不条理を何とか納得するためには、すべてが「無」であると考える以外にない。生きることも死ぬことも等価に無意味であると思うほかない、と考えるのです。ここに「無常」という考えも出てきます。最後にはすべてが「無」に帰する。

これは、非常に仏教的な境地です。「絶対無」という観念は、もっと哲学的に思考されたものので、簡単に仏教化するわけにはいきませんが、この背後に、仏教的な「無」や「禅」で言う「空」があることは間違いないでしょう。

西洋の「存在」の背後にユダヤ・キリスト教という宗教があるのと同様に、西田さんの「無の哲学」の背後には仏教思想がある。彼は仏教を通して「無」を発見し、それを哲学の基底に据えようとしたわけです。

「無」はすべての意味を支えている

また、西田さんには「純粋経験」という概念があります。これも、一見したところ難解な哲学用語のように見えますが、ある意味では、われわれにも極めてわかりやすい。

いささか強引に言えば、思想や哲学とは、何か書斎に閉じこもってカントやヘーゲルなどの難しい本と格闘し、世界や歴史の本質についてやたら深い思索を重ねることではない。美しいものに感動する、何かすごい出来事に驚くといった、生の感動から始まるものだ、ということです。

西田さん自身の思索も、人生で出会う悲しみ、悲哀から始まりました。思索は、ただ知識をため込むことではなく、生きる上に意味を持ってくるはずのものだということは、彼の実感だったのでしょう。

この「純粋経験」という概念には、やはり「純粋さ」への強い志向があります。物事に純粋に驚き、純粋に感動する。純粋とは混じりけのないことであり、誠実なことです。誠実であり、己を殺して無私になれば、本当に物事を経験することができる。こういう考えがここにはあります。

これもまた、日本の伝統的な考えに見合うものでしょう。心を「無」にする。「誠《まこと》」をもって物事に対峙する。ここにあるのは、そのような純粋な心情こそが大切だという考えです。陽明学が説く「至誠」にも通じるものです。実際、陽明学と西田さんの思想との関係はしばしば指摘されることでもあります。

また「無」という観念は、どこか「死」を連想させます。死して人間は「無」に戻る。言い換えれば、「無」によって、「生」が支えられている。

「死」はすべての意味を「無」の中へと溶かし込んでしまいます。すべての出来事は根本的には無意味です。しかし、何の意味もないということは、同時に、人間が生を意味づけることができるということでもあるのです。

「無」というものが人間の死を支え、そして死を支えるものがあれば、人間は生きることができる。生に意味を与えることができる。このような理屈により、「無」は、すべての意味を支える根拠になるのです。私には、こうした感覚が西田哲学の根底を流れているように思われます。

受け継がれる「海ゆかば」の思い

しかし、無の哲学、すべては無に吸収されるという考え方では、現実には、自由と民主主義の西洋思想にはなかなかかないません。自由や民主主義は、自分の利益や利益を実現するための力を想定し、そこから出発します。すべてを力に結集して進んでいく西洋の覇権的な考え方には、やはり勝てません。

ここまで話してきたことをまとめれば、日本は、昭和の戦争だけ間違えたのではなかった。しばしば、明治の近代日本は結構だが、昭和に入って軍部が台頭し、日本は道を誤ったと言われるのですが、どうもそうではありません。

もしも、昭和に入って間違ったと言うのなら、その間違いの源泉はすでに明治にあるのです。あえて言うなら、明治に開国をして、西洋型の文明国家を目指そうとしたところから、間違っていたのです。しかし、福澤が指摘したように、日本が独立を守るためには、それ以外に選択肢はありませんでした。

とすれば、日本的な精神も、近代化の始まりとともに、西洋の圧倒的な力の源となっている合理主義や自己利益の主張や自由の実現といったものを前にして敗北する運命にあったということになるでしょう。すなわち滅びることが宿命づけられていたのです。

それは、保田が『万葉集の精神』で描いた、天皇のために生き、天皇のために死んでいった、大伴家持の精神に通じるものかもしれません。いずれ滅んでいくしかないのであれば、美しく滅んでいけばいい、というような精神です。

「海ゆかば水漬《みづ》く屍《かばね》　山ゆかば草生《くさむ》す屍《かばね》　大君《おおきみ》の辺《へ》にこそ死なめ　顧《かへり》みはせじ」という大伴家持の有名な和歌があります。

これは陸奥の国から金《きん》が出たことを記した詔書に対する祝賀として創られた賀歌です。海へ行けば死体がいくらでも浮いている。山へ行っても死体がゴロゴロ転がっている。天皇の側でこそ死にたい。そういう歌です。

昭和に入り、信時潔《のぶときききよし》が大伴の歌に曲をつけます。戦時中、大本営発表が日本軍の玉砕を報じる際には、この「海ゆかば」が流されました。このことは、先の戦争の底辺に、近代日本が宿命づけられた悲劇の感覚が深く刻み込まれていることをよく表しているように思えます。

私が「日本の愛国心」と言いたいのは、このような日本人の底辺に流れている感情なのです。

現在のわれわれはこのような時代経験からずいぶんと隔たったところまで来てしまいました

が、それを絶えず想起することはできるでしょう。そして、想起するだけの想像力を持つ必要があるでしょう。そしてそれさえあれば、私には、戦後のこの能天気な時代にも、まだ「日本の愛国心」は、か細くも脈々と受け継がれていくように思われるのです。

あとがき

『自由と民主主義をもうやめる』という本書のタイトルは、いささか挑発的に聞こえるかもしれません。しかし、格別に奇をてらったことを言っているわけではありません。「自由」と「民主主義」を無条件にりっぱなものだとして祭り上げるのをやめようということです。

しかし、日本では、どうも、「自由」や「民主主義」と言ってしまえばそれですべて片づくといった風潮が強く、なかなかまっとうな批判も耳をかたむけてもらえません。

だけど、考えてみてください。「自由」や「民主主義」がそれ自体で無条件によいものだ、などと言うほうが暴論ではないでしょうか。「自由」はすぐに「放縦」へと流れますし、「民主主義」のほうも、たとえば「民意」が正しいという保証はどこにもありません。

だから、「自由」が大事だということは、「自由」で何をするかという、その「内容」と分けることはできません。また、「放縦」を抑えるための規範とも分けるべきではありません。「民主主義」にしても、「国民」のなかに良識があればこそ成り立つわけです。

では、自由が与えられてやりたいことは何か、また、「放縦」へ流れることを縛るものは何か。さらには、国民の良識とは何か、ということになれば、そこに、その「国」の文化や歴史、ようするに一国がはぐくんできた「価値」が出てくるわけです。「自由」や「民主主義」にしても、その国の「価値」というものから切り離せないのです。

そこで、一国のはぐくんできた価値を大事にしようという立場を「保守の精神」と言っておきましょう。すると、「自由」や「民主主義」といえども、「保守の精神」が根底になければロクなものにならないということがわかります。

というわけで、本書は、日本における「保守主義」について論じたものです。ところが、「保守の精神」あるいは「保守主義」というものが結構理解しづらいものなのです。その理由は本文を読んでみてください。

ただ一言いっておけば、どうも、「保守主義」と言えば、左翼嫌いの人、アメリカとの同盟を重視する人、自民党の支持者、大東亜戦争を肯定する人、昔はよかったと嘆息する人、やたら若者に説教する人、怖いおじさん、といったイメージがついてまわります。そんなことは、本来の「保守の精神」とも「保守主義」とも何の関係もありません。

しかし、確かに、日本で「保守主義」を唱えることは結構難しいのです。それは、保守主義とは、一国の受け継がれてきた「価値」を大事にするところから始まるのですが、戦後日本では、そもそも「受け継がれてきた価値」が何か、がよくわからなくなってしまっているからです。だから、どうしても「保守主義者」は、「戦後日本」に対して厳しくなります。これは、日本の「保守」の特徴でもあり、また譲れない点でしょう。

私は、「左翼嫌いの人、アメリカとの同盟を重視する人、……怖いおじさん」のどれにも特に該当しません。しかし、先にも述べたように、かりに「自由や民主主義をやめない」にしても、「保守主義」への理解は欠かせないと思っています。今、われわれが生きているこの社会がヘンだと思っている人は、まずは、「保守の精神」を学ぶべきなのです。これは一見したところ、奇妙に聞こえるかもしれません。だけど、それが奇妙に聞こえる人は、すでに、「保守」＝「現状維持」というまったく何の根拠もない先入観にとらわれているわけで、そういう人にこそ本書を読んでいただきたいのです。

言い換えれば、本書は「自由や民主主義をやめる、などとんでもない」と思っている人に読んでもらいたいのです。現代日本や思想に関心をもっている若い人が手に取ってくれればと思いますが、とりわけ「保守主義」なんか大嫌いだと思っている人に読んでいただければ幸いなのです。

私自身も若い頃には「保守主義」などという思想にはまったく関心がありませんでした。しかし、今から思えば、「保守の精神」は、私の心の奥深いところに昔から宿っていたような気がします。そのことに気がついたのは、かなり年を取ってからです。もっと若いときにそのことがわかっていれば、と時々思ったりもしました。それも、若い人に手に取ってもらいたい、と思う理由かもしれません。

平成二十年に、私は、産経新聞社から「正論大賞」という賞をいただきました。日本の「自由」と「民主主義」のために尽力した言論活動に対して与えられる賞だそうで、私も、どうもそれなりに「自由・民主主義」のために貢献しているようです。

同賞の受賞者は、その後、産経新聞社主催の講演を、大阪、東京、淡路島・洲本の三カ所で行うのが恒例となっています。そして、今回は、それに加えて、松山で愛媛「正論」懇話会主催による講演の機会をいただき、また、同時期に、大阪の「産経適塾」で学生向けの講義をしました。

産経適塾というのは、産経新聞社の主催で、学生（大半は大学生ですが、ときには高校生もいます。一度は中学生が参加しており驚きました）を集めて毎年、何日か多彩な講師による連続講義を行うものです。私は、以前からしばしば講師をつとめていますが、学生の熱意にはついこちらも力がはいることしばしばでした。

これらの連続講演をもとに出来上がったのが本書です。私の講演を聴きに来てくださった幻冬舎の小木田順子さんの熱意あふれる気まぐれ（？）から、連続講演が活字になることになったわけです。講演の録音音源を提供していただいた産経新聞社の多大な厚意に感謝したいと思います。小木田さんには、ＰＨＰ新書の編集部時代にも何冊かの本を編集していただきました。今回、このような形でまた編集作業にあたっていただき、いつもながらの丁重な仕事にあらためて感謝したいと思います。

平成二十年　十月十五日

佐伯啓思

本書は第二三回正論大賞受賞を記念して、産経新聞社主催で行われた講演会の記録をもとに執筆されたものです。

著者略歴

佐伯啓思《さえきけいし》

一九四九年奈良県生まれ。
東京大学経済学部卒。東京大学大学院経済学研究科博士課程単位取得。
現在、京都大学大学院人間・環境学研究科教授。専攻は社会経済学・経済思想史。
『隠された思考』（筑摩書房、サントリー学芸賞）、
『「アメリカニズム」の終焉』（TBSブリタニカ、東畑記念賞）、
『現代日本のリベラリズム』（講談社、読売論壇賞）、
『人間は進歩してきたのか』『20世紀とは何だったのか』（以上、PHP新書）、
『日本の愛国心』（NTT出版）ほか著書多数。
二〇〇八年、第二三回正論大賞受賞。

幻冬舎新書 098

自由と民主主義をもうやめる

二〇〇八年十一月三十日 第一刷発行
二〇一六年 三 月 十 日 第六刷発行

著者 佐伯啓思
発行人 見城 徹
編集人 志儀保博

発行所 株式会社 幻冬舎
〒一五一-〇〇五一 東京都渋谷区千駄ヶ谷四-九-七
電話 〇三-五四一一-六二一一(編集)
〇三-五四一一-六二二二(営業)
振替 〇〇一二〇-八-七六七六四三

ブックデザイン 鈴木成一デザイン室
印刷・製本所 株式会社 光邦

Printed in Japan ISBN978-4-344-98097-6 C0295
さ-6-1
幻冬舎ホームページアドレス http://www.gentosha.co.jp/
*この本に関するご意見・ご感想をメールでお寄せいただく場合は、comment@gentosha.co.jp まで。